論理学

考える技術の初歩

エティエンヌ・ボノ・ド・コンディヤック
山口裕之 訳

講談社学術文庫

目次

論理学

この本の目的……16

第一部　自然はいかにして我々に分析を教えるか。
また、この分析という方法に即して
観念と心の諸機能の起源と発生を
説明すると、どのようになるか

第一章　自然はいかにして考える技術の
最初のレッスンを我々に与えるか……24

感覚する機能が心の諸機能の中の最初のものである／我々は感官を制御するすべを知るとき、感覚する機能を制御するすべを知る／我々が身体器官を制御できるのは、それを何度かうまく使ったあとで、どうやったらうまく使えたのかに気づくときである／我々を最初に教えるのは自然、すなわち欲求によって規定された諸機能である／幼児はいかにしてさまざまな知識を獲得するか／自然はいかにして幼児に判断の誤りを警告するか／なぜ自然は警告するのをやめるのか／知識を獲得するための唯一の手段

第二章　知識を獲得する唯一の方法は分析である。
いかにして我々は分析という方法を
自然そのものから学ぶか……………………37

一目見ただけでは、我々は自分が見ているものの観念を得られない／観念を形成するためには、一つ一つ順番に観察しなくてはならない／対象をあるがままに理解するには、対象を順番に観察する継時的な秩序によって、対象間に同時的に存在している秩序を再構成しなくてはならない／こうした手段によって精神はおびただしい数の観念を全体的に把握できる／このようにして観察することで、人はものごとを分解して再構成するのだから、人は厳密で判明な観念を形成することになる／こうした分解と再構成こそ、人が「分析」と名づけるものである／思考の分析は感覚的な対象の分析と同じやり方でなされる

第三章　分析は精神を正確なものにする……………………46

感覚的な対象を表象するものと考えられた感覚印象こそ、人が本来の意味で「観念」と呼ぶものである／厳密な観念、つまり正しい知識を与えてくれるのは分析だけである／この方法は誰もが知

っている／正確な精神は分析によって作られた／悪い方法は精神を誤らせる

第四章　いかにして自然は我々に感覚的対象を観察させ、さまざまな種類の観念を獲得させるか……54

人は、知っていることから知らないことへ進むことによってのみ学ぶことができる／誰であれ、知識を獲得したことのある人は、さらなる知識を獲得できる／観念は次から次へ連続的に生まれていく／我々が最初に獲得する観念は、個別的観念である／人は観念を分類することで類や種を形成する／個別的観念はいきなり一般観念になる／一般観念はさまざまな種に下位区分される／我々の観念は、我々の欲求の体系と一致した体系を形作る／体系はいかなる技巧によって形作られるか／体系はものごとの本性に即して作られるのではない／観念はどこまで区分し、下位区分すべきか／なぜ種は必ず混乱に陥るのか／種が混乱してもとくに不便がない理由／我々は物体の本質を知らない／我々は、観察して確信したことについてのみ、厳密な観念を持つ／観念は厳密であっても、完全なものにはならない／我々が行うすべての研究は同じ方法でなされる。その方法とは分析である

第五章　感官で捉えられないものごとについての観念……69
結果は原因の観念を与えないにもかかわらず、どうして我々は原因の実在を判断するのか／現代の哲学者たちは、感官で捉えられない原因が実在することをいかにして我々に判断させるか。また、それについての観念をいかにして我々に与えるか

第六章　同じ主題のつづき……76
行動と習慣／人は、身体の行動をもとに心の作用を判断する／徳と悪徳の観念／行動の道徳性の観念

第七章　心の諸機能の分析……80
我々に自分の精神について教えてくれるのは分析である／感覚する機能の中に、心の機能がすべて見出される／注意／比較／判断／反省／想像力／推論／知性

第八章　同じ主題のつづき……89
欲求／不満／不安／欲望／情念／期待／意志／意志という言葉の別の意味／思考

第九章　感覚能力と記憶力の原因について……………………95
誤った仮説／動物の内部には、植物的生命の原理としての運動がある／この運動が取りうる規定が感覚能力の原因である／これらの規定は感覚器官から脳へ伝わっていく／我々が感覚するのは、感覚器官がものに触れるか、ものによって触れられたときだけである／我々は、いかにして物体の接触が感覚印象を生じさせるのかを知らない／我々に新たな感覚器官が与えられていたなら、新たな感覚印象が生じていただろう／我々が現に持っている感官は我々にとって十分なものである／動物はいかにして意志に従って動くことを学ぶか／動物の身体はいかにしてある運動の習慣を獲得するか／脳も同様の習慣を身につける。そうした習慣が、記憶力の物理的ないし機会的原因である／我々がある観念について考えていないときには、その観念はどこにも存在しない／観念はいかにして再生されるか／記憶力に関わるすべての現象は脳の習慣によって説明される／記憶力の座は脳だけでなく、観念を伝達するすべての器官にある／夢についての説明／記憶力が失われるのは、脳が習慣を失うからである／結論

第二部　分析の手段と効果についての考察、
すなわち、よくできた言語に
還元された推論の技術

第一章　我々が自然から学んだ知識はいかにして
すべてが完全に結びついた体系をなすか。
自然の教えを忘れたとき、
我々はいかにして道に迷うか……………………119
自然は、我々の心身の諸機能の使い方を制御することで、いかにして我々に推論することを学ばせるか／我々はいかにして自然の教えを忘れ、悪しき習慣に従って推論するようになるか／悪しき習慣のせいで我々が犯す過ち／考える機能に秩序をもたらす唯一の手段

第二章　いかにして行動の言語が思考を分析するか……………130
我々は言語という手段によってのみ分析することができる／行動の言語の諸要素は生得的である／なぜ行動の言語において当初はすべてが混乱しているのか／それから行動の言語はいかにして分

析的方法になるか
第三章　いかにして言語は分析的方法になるか。
この方法の不完全性……140
諸言語はいずれも分析的方法である／言語は、他の人間の発明品と同様に、人がそれをなそうという意図を持つ前に始められた／言語はいかにして厳密な方法になったか／言語はいかにして欠陥のある方法になったか／人々が、諸言語はいずれも分析的方法であることに気づいてさえいたら、推論の技術の諸規則を見出すのは困難でなかったはずである
第四章　言語の影響について……147
言語が我々の知識や主義主張、先入観を作る／学問上の言語が、もっともよくできた言語というわけではない／最初の通俗言語が最も推論に適した言語であった／言語に無秩序を持ち込んだ張本人は、哲学者である
第五章　抽象的で一般的な観念についての考察。
推論の技術はいかにして

よくできた言語に還元されるか……………………153
抽象的で一般的な観念とは名称にすぎない／結果として、推論の技術はよくできた言語に還元される／この真理をよく知っておけば、多くの誤りを犯さずにすむ／言語を作り、技術と学問を創造するのは分析である／分析に従って真理を探求すべきであって、想像力に従ってはならない

第六章　言語の乱用を改善する唯一の手段は定義だと考える人がどれほど間違っているか………164
定義にできるのは、ものごとを提示することだけである。それゆえ、定義を原理として与えられたときには、その意味を知ることができない／定義できるのは稀な場合である／すべてを定義しようとする偏執狂の無駄な努力／観念を規定するのは分析だから、定義は無用である／総合という蒙昧な方法

第七章　言語が単純であれば、推論はどれほど単純になるか……………175
分析より総合を好む人の誤り／諸学問は、極めて単純な言語を話すなら、厳密なものになる／そのことを証明する問題／代数学の

記号を用いたこの問題の解法／推論の明証性は、ある判断から他の判断へ移行するときに示される同一性にのみ存する／あまり厳密でない学問とは、それを語る言語のできが悪い学問である／代数学は、本来の意味での言語である

第八章　推論の技巧は何に存するか……190
問題を解くときにやるべきことは二つある。一つは前提を明示すること、つまり問題の状態の提示であり、もう一つは知らないこと〔未知数〕を取り出すこと、つまり推論である／問題の状態の提示という言葉によって理解すべきこと／推論の技巧はすべての学問分野において同じである。そのことを証明する例

第九章　確かさのさまざまな段階。明証性、推測、類推について……196
論理的明証性が欠ける場合、我々は事実の明証性と感覚意識の明証性を持つ／論理的明証性によって物体の実在が証明される／現象・観察・実験という言葉の意味／推測の用法／類推の確かさには、さまざまな段階がある／この『論理学』を学ぼうとする若者への助言

論理学

考える技術の初歩

この本の目的

人間にとって、自分の腕の弱さを補うために、自然[*1]が与えてくれた手段を使うのは自然なことであった。人間は、あえて技術者になろうとする前にすでに技術者だったのである。同様に、人間は論理学者になろうとする前にすでに論理学者であった。つまり人間は、いかにして考えるかを探求する前にきちんと考えていたのである。人々が「思考はいくつかの法則に従っているのではないか」と思い至るまで、何世紀もの時間が流れる必要があった。今日でも大多数の人が、そんなことにはまったく思い至らないまま、それでもきちんと考えている。

他方、最上の精神を持つ人たちは、知らず知らずのうちに、いわゆる「才能」という恵まれた素質によって、つまり、正確なものの見方や鋭敏な感じ方によって導かれてきた。そうした人たちの著作が他の人々の手本となった。彼ら自身は自分が楽しいものや光るものを生み出したときにどのような技巧を用いたのかを自覚していなかったが、人々は彼らの著作の中にそうした技巧を探したのである。彼らの著作が驚くべきものであればあるほど、人々は、彼らが尋常ならざる手段を持っているのだと考えた。そして、実は単純な手段を探すべきだったのに、尋常ならざる手段を探してしまったのである。そうして人々は早計にも、天才の謎を解いたと信じてしまった。しかし、天才の謎は容易には解けない。天才自身でさえ自分の秘密を明らかにする能力を持っているとは限らないのだから、その秘密はいっそう厳重に守られているのだ。

つまり人々は、考える技術の法則を、それが存在しない場所で探してしまったのである。そして、もし我々が一からこの研究を始めなければならなかったとしたら、おそらく我々自身も同じく間違った場所を探してしまっていたことだろう。しかし、これまでに人々が、それが存在しない場所を探しておいてくれたおかげで、我々にはそれが存在する場所が示されたのだ。もし我々がこれまでの人々よりもきちんとその場所を観察することができさえすれば、我々は考える技術の法則を発見したと誇ることができるだろう。

さて、大きな物体を動かす技術に関する法則は、身体の諸機能と梃子《てこ》のうちにあり、我々は自分の腕で梃子を利用することを学んできた(1)。それと同様に、考える技術に関する法則は、心の諸機能*2と梃子のうちにあり、我々の精神は梃子の使い方を学んできた[1]。それゆえ、心の諸機能と精神の梃子を観察しなくてはならない。

自分の身体の諸機能を初めて使おうとするときに、まず定義や公理や原理を立てようなどと思う人はいないだろう。実際、そんなことはできない。人は、とりあえず自分の腕を使ってみることから始めざるをえない。腕を使うことは人間にとって自然なことである。同様に、役に立ちそうなものは何でも利用することも人間にとって自然であり、人はすぐに棒を梃子として使うようになる。ものを利用する経験が積み重なると、大きな力になる。経験の中で人は、自分がなぜ失敗したのか、どうすればもっとうまくできるのかに気づき、[*3] 身体の諸機能は徐々に改善されていく。こうして人は自分で学ぶのである。

我々が最初に精神の諸機能を使用するとき、自然はこのようにして我々に始めさせるのである。最初に身体の諸機能を制御していたのは自然だけであった。同様に、最初は自然だけが精神の諸機能を制御する。そのあとで我々は自分で自分を導けるようになるが、それは自然が始めさせてくれたことを継続する場合だけである。我々が進歩できるのは、自然が与えてくれた最初のレッスンのおかげである。そこで我々は、この『論理学』を定義や公理や原理から始めることはしない。自然が我々に与えてくれたレッスンを観察することから始めよう。

第一部では、分析こそが我々が自然から学んだ方法であることを見ていく。それから、この方法を用いることで、観念と心の諸機能について、それらの起源と発生を説明する。第二部では、分析の手段と効果について考察し、推論の技術は「よくできた言語」に還元されることを示す。

この『論理学』は、これまで書かれた「論理学」と称する書物とはまったく似ていない。しかし、単に論理学を新奇なやり方で扱っていることだけが本書の特長だ、などということがあってはならない。特長と言うからには、この本で論理学を扱うやり方が、単に新しいだけでなく、もっとも単純で簡単で光に満ちたものであることが必要である。

原注

（1）ベーコンによる比喩である。

ルロワによる注

［1］たとえば Bacon, *Novum Organum*, liv. I, § 2 を参照。

訳注

＊1　コンディヤック哲学のキーワードであり、近代の経験論哲学やそこで唱えられたいわゆる社会契約論、自然法思想におけるキーワードでもある（ホッブズ、ロック、ルソーなど）。「自然（nature）」という言葉の語源は、ラテン語で「生まれる、生じる」を意味する nascor の名詞形 natura である。それゆえ nature は、「自然」と訳すよりも「本性」と訳した方が自然な場合がある。実際、コンディヤックはこの言葉を、主に「人間の生まれついての本性」という意味で使っているが、彼の議論はロックの影響を強く受けており、経験論哲学の中に位置づけられるものであるため、本書では従来の哲学研究の訳語に従い、原則として「自然」と訳した。

＊2　原語は facultés de l'âme. faculté を「機能」、âme を「心」と訳した。faculté はラテン語の facio（行う、作る。フランス語の faire）の名詞形 facultas を語源とし、要するに「何かを行うことができる状態」を指す。日本語としては、「心の機能」より「心の能力」とした方が自然かもしれない。しかし、本書や『人間認識起源論』、『感覚論』などで展開されるコンディヤックの人間論には機械論的と言えるような側面がある。つまり、人間は能動的・意志的に成長進歩するというよりは、感覚印象がいわば自己組織化することで精神的な諸能力が形成される、という論構成になっている。そうしたことからあえて、機械についての表現のニュアンスがある「機能」と訳した。

âme は哲学の文献では「霊魂、魂」などと訳されることがあるが、これらの日本語にはなにやらおどろおどろしいイメージがある。近代哲学で言う âme は要するに「私たちの主観的意識が展開する場」であるから、本書では「心」と訳した。コンディヤックはこの言葉を、「精神（esprit）」と区別せずに使っている。

なお、âme の語源は「微風、息、生命」を意味するラテン語の anima である。同根の言葉に animal, animation などがある。なぜ「息」と「生命」が同じ言葉なのかと思われるかもしれないが、日本語でも「息がある」という表現で「生きている」ことを意味するのと同様の発想であろう。そもそも日本語の「生きる」という言葉の語源は「息」であるという説が有力なようである（前田富祺監修『日本語源大辞典』小学館、二〇〇五年による）。

＊3　原語は remarquer. コンディヤック認識論のキーワードの一つである。訳語としては「気づく、注目する」が考えられるが、本書では原則として「気づく」と訳した。日本語の語感として「気づく」のほうが偶然任せ、「注目する」のほうが能動的だが、訳注＊2で書いたようなコンディヤックの議論の「機械論的性格」に鑑みて「気づく」とした。

コンディヤックの認識論では、最初に人間がものごとを知るのは「自然に従って」である。つまり、意識的・意志的に研究する以前に、自然な欲求に従ってこの世界を探索することで、知らず知らずのうちに知識を獲得するのである。そのあと、自分がすでに暗黙のうちに知っていることに「気づく」ことで、その知識を意識的ないし意志的な行動に活かせるようになる。ジャック・デリダは『たわいなさの考古学』（飯野和夫訳、人文書院、二〇〇六年）のなかでコンディヤック認識論のこうした「事後的性格」を指摘している。

re-marquer とは「再び - 印をつける」ということだが、そのほかにも retracer（想起する、改めて描き出す）、rappeler（呼び戻す）などのように re- という接頭辞がつく言葉がコンディヤックの議論には頻出する。これはコンディヤック認識論の「事後的性格」を反映していると言えよう。

第一部　自然はいかにして我々に分析を教えるか。また、この分析という方法に即して観念と心の諸機能の起源と発生を説明すると、どのようになるか

第一章　自然はいかにして考える技術の最初のレッスンを我々に与えるか

感覚する機能が心の諸機能の中の最初のものである

我々が最初に気づく心の機能は、〔視覚・聴覚・嗅覚・味覚・触覚という〕感官である。[*4] 感官を通じてのみ、対象の印象が心に伝えられる。もし目が見えなかったら、我々は光も色も知ることはなかっただろう。もし耳が聞こえなかったら、音について何らの知識も持つことはなかっただろう。要するに、もし感官を持っていなかったら、我々は自然界に存する対象について何も知ることはなかったであろう。

しかし、そうした対象について知るためには、感官を持っているだけで十分だろうか。おそらくそうではない。なぜなら、我々はみな同じように感官を持っているにもかかわらず、みなが同じ知識を同じだけ持っているとは限らないからである。こうした不平等が生じるのは、感官が与えられている目的から見て我々がみな同じように十全に感官を活用できるわけではないからである。もしも私が感官をきちんと制御することを学ばないなら、他の人より少ない知識しか持つことができないだろう。これは、足運びを制御することを学んだ程度に応じてしか上手に踊れないのと同じ理由による。すべては学ばれる。身体の諸機能をうまく使うための技術があるのと同様に、精神の諸機能をうまく使うための技術というものもあるのだ。ところで、人は身体機能がどんなものかを知っているからこそ、身体機能の使い方を学ぶこともできる。それゆえ、精神の諸機能の使い方を学ぶためには、そうした機能がどのようなものかを知っておく必要がある。

感官は、対象が我々の心に刻む印象の機会原因[*5]に過ぎない。感覚するのは心であり、感覚印象は心にのみ属する。そして我々が心において最初に気づく機能は、感覚することである。この機能は五種類に区別される。というのも、我々は五種類の感覚印象を持つからだ。心は視覚・聴覚・嗅覚・味覚・触覚によって感覚する。なかでも触覚が主要なものである[*6]。

我々は感官を制御するすべを知るとき、感覚する機能を制御するすべを知る

我々は、調べたい対象の上で身体器官を規則に従って導くことを学んだとき、心の感覚する機能を規則に従って導くことを学ぶ[*7]。心が感覚するのは身体器官を通じてのみであることから、このことは明白である。

我々が身体器官を制御できるのは、それを何度かうまく使ったあとで、どうやったらうまく使えたのかに気づくときである

しかし、感官の導き方を学ぶには、どうすればよいのだろうか。それは、たまたま感官を上手に導けたときにやったのと同じことをやってみることによってである。誰であれ、少なくとも何度かは、たまたま感官をうまく導けたことがあるはずだ。それは、欲求と経験のおかげで我々がすばやく学ぶことの一つである。幼児がその証拠だ。幼児は、我々の助けなしにさまざまな知識を獲得する。それどころか、我々が幼児の心身の機能の発達を妨害したときでさえ、さまざまな知識を獲得するのである。ということはつまり、幼児は知識を獲得する技術を持っているということだ。もちろん実際は、幼児はその技術の諸規則を自覚することなく、無意識的にそうした規則に従っているだけなのだが、ともかくも幼児はそれに従っているのである。それゆえ、幼児を教えてそうした技術をいつでも使えるようにするには、自分たちが時々どんなことをしているかを彼らに気づかせるだけでよい。そうして、我々が幼児に教えることができるのは彼らがすでにできることだけだということが明らかになるだろう。幼児は、自分ひとりで心身の機能を発達させはじめたのだ。それゆえ幼児は、発達過程を開始するためにやったのと同じことを、それを完成させるためにも行うなら、心身の機能をさらに発達させることができると感じるだろう。幼児は、なにも学ばないうちに始めたが、うまく始めた。それは、最初に幼児を教えたのが自然だったからである。こうしたことから幼児はなおさら、最初にやったのと同じことを行うことで心身の機能をさらに発達させられるはずだと感じるだろう。

我々を最初に教えるのは自然、すなわち欲求によって規定された諸機能である

自然とはすなわち、欲求[*8]によって規定された諸機能のことである。なぜなら、欲求と心身の諸機能こそ、まさしく我々が「それぞれの動物における自然〔生まれついての本性〕」と呼ぶものだからである。我々は自然という言葉で、「ある動物はこれこれの欲求とこれこれの機能を持って生まれてきた」ということ以外を意味することはできない。ところで、こうした欲求と諸機能は、その動物の身体組織に依存しており、さまざまな動物の身体組織が多様であるのに応じて多様である。その結果、我々は自然という言葉を、諸器官の構造という意味で理解することになる。要するに、自然は原理的に諸器官の構造にあるのである。

空を飛ぶ動物、地上を移動するだけの動物、水中に棲む動物は、それぞれ別の種に属している。それらは異なった身体構造を持っており、それぞれ独自の欲求と機能を持っている。つまり、それぞれの自然を持っているのである。

最初に始めるのは、そうした自然である。そして、自然は単独で始めるので、常にうまく始める。自然を創造した知性である神がそう望んだのである。神は、うまく始めるために必要なものをすべて自然に与えた。それぞれの動物にとって、早い時期から自己保存に気を配ることが必要であった。それゆえ、自ら学ぶことに早すぎるということはなく、自然のレッスンは素早いと同時に正確でもある必要があった。

幼児はいかにしてさまざまな知識を獲得するか

幼児は、自ら学びたいという欲求を感じるからこそ学ぶ。たとえば幼児は、自分の乳母を知ることに関心を持ち、すぐに乳母のことを知る。幼児は、多くの人の中から自分の乳母を見分け、他の人と取り違えることはない。「知る」とは、まさしくこういうことである。要するに、見分けることのできる物の数が多ければ多いほど、また物を特徴づける質に気づけば気づくほど、我々は多くの知識を獲得したことになる。そして我々の知識は、最初に見分けることを学んだ対象から始まるのである。

幼児が乳母やその他のものについて持つ知識は、幼児にとってはまだ、いくつかの感覚的な質にすぎない。つまり幼児は、感官を使うことによってのみ、そうした知識を獲得したのである。ときに幼児は、差し迫った欲求のせいで大急ぎで判断してしまい、その結果、間違った判断をすることもある。しかし、そんな誤りは一時的なものである。判断を誤った場合には、自分の期待どおりの結果が得られないので、幼児はすぐにもう一度判断する必要を感じる。そして今度はよりよく判断するだろう。こうした経験が幼児を見守ってくれ、幼児の誤りを正してくれる。たとえば幼児が、乳母に似た人を遠くから見て、乳母を見たと思ったとしよう。そんな誤りは長くは続かない。最初一目見て間違ったとしても、二回目に見れば誤りに気づく。そして幼児は目を凝らして乳母を探すだろう。

自然はいかにして幼児に判断の誤りを警告するか

このように、ときに感官は我々を誤らせるが、通常そうした誤りは感官自身によって打ち破られる。ある欲求を満たそうとして観察したが、最初の観察では我々の欲求に見合った結果を得られなかった場合、そうした結果によって我々は自分が間違った観察をしたことを警告され、改めて観察する必要があると感じる。我々にとって絶対に必要なものについて誤認した場合、自然は必ず警告してくれる。なぜなら、誤った判断の後には、いいものを見つけたと思った喜びのただなかで、苦痛が引き起こされるからである。同様に、正しい判断の後には快楽がもたらされる。このように、快楽と苦痛が我々の最初の先生である。快楽と苦痛は、我々が正しい判断をしたか間違った判断をしたかを教えてくれるのだから、我々を啓発してくれるのである。これが、我々が幼児期に誰からの助けもないのに驚くべき迅速さで進歩を遂げる理由である。

なぜ自然は警告するのをやめるのか

もし我々が第一の必需品に対する欲求に関連したものについてしか判断しないのであれば、推論の技術はまったく不要だっただろう。そうしたときには、我々は自然の教えに従って判断するのだから、自然によい判断をする。しかし我々は、幼児期を過ぎるか過ぎないかの時期にはすでに、自然がもはや警告を与えてくれないことについておびただしい数の判断を下すようになる。そうした場合、これまでとは逆に、誤った判断の後にも、正しい判断の後と同様に快楽がもたらされるように思われる。そこで我々は、自信たっぷりに判断しながら間違えるのである。そうした場合には、好奇心だけが我々の欲求であり、無知な好奇心はどんなことにも満足してしまう。好奇心は、自分の誤りでさえ、ある種の快楽をもって楽しむ。好奇心に従って探求するとき、我々が答えだと思ったものが実は何らの対象も指示していないただの言葉にすぎず、しかもその答えがただの言葉にすぎないことに気づけない、ということがしばしばある。そういうとき、好奇心は誤りに固執してしまうのである。それゆえに誤りは持続する。我々が自分の理解の射程を超えたものについて判断するのはよくあることだが、そうした場合には経験が我々の誤りを正すことはできない。また、理解の射程を超えていないものであっても、我々が大急ぎで判断してしまったときには、やはり自然は我々の誤りを正してくれない。我々は急いでいるときには自然に尋ねたりしないからだ。

要するに、誤りは自然が我々の誤解について警告するのをやめたときに始まる。つまり、第一の必需品への欲求とはほとんど関係がないものについて判断しようとして、その判断が正しいか間違っているかを確認するための試験ができないとき、誤りが始まるのである(2)(*Cours d'Études, Hist. anc., liv.* 3, *chap.* 3)。

知識を獲得するための唯一の手段

そうはいっても、我々が幼児期からすでにうまく判断できるものごとがあるのだから、そうしたものごとについて判断するときに我々が自分をどのように導いたのかを観察するだけで、他のことについて判断するときにどのようにしなくてはならないかが分かるはずである。自然が我々に始めさせたとおりに続けるだけで十分なのである。つまり、観察し、自分の判断を観察と経験による試験にさらすことである。

これこそが我々がごく幼い時にやっていたことである。もしそうした年頃のことを思い出せるなら、我々が最初にやっていた学習を応用することで、他のことをやるときにも実り豊かな結果が出せていたはずだ。幼児期には、我々はそれぞれ自分自身で観察し経験することによってのみさまざまな発見をしていたのだから、もし我々が、自然が拓いてくれた道をそのまま進むことができていたら、現在の我々も幼児期と同じように自分自身で発見することができていたはずなのである。

それゆえ、知識を獲得するために我々はいかになすべきかを知るために、自分自身で何らかの体系を考え出す必要はない。そんなことはしないように、よく気をつけよう。自然自身がその体系を作っておいてくれたのだ。そして、自然だけがそれを作ることができた。自然がそれをうまく作ったのだから、我々のなすべきは、自然が教えてくれることをよく観察することだけだ。

自然について研究するには、幼児における心身の機能の最初の発達段階を観察するか、あるいは我々自身が幼児期にやっていたことを思い出すことが必要だと思われるが、いずれも困難である。あえてそうした研究をしようとするなら、我々はしばしば仮説を作る必要に迫られることになるだろうが、そんな仮説はきっと不適切なものになるだろう。ある場合には根拠薄弱に見えるかもしれないし、別の場合には、およそ普通の人が経験しようもない状況を想定してそこに身を置いてみるよう読者に要求することになるかもしれない。幼児についてて気づいておくべきは、以下のことだけで十分である。すなわち、幼児はもっとも差し迫った欲求に関連したものについて観察するときには間違えない。仮に間違ったとしても、すぐさま自然が警告する。それゆえ幼児は正しい知識を獲得するのである。というわけで、〔幼児を研究するのはやめて〕現在の我々が知識を獲得するときにどのように自分自身を導いているかを研究することに限定しよう。いくつかの知識について、どのような方法でその知識を獲得したのかを確実に理解できれば、他の知識を獲得するときにどうすればよいかも分かるはずである。

原注

(2)　機械技術を学ぶには、その理論を理解するだけでは不十分であり、実践的知識を獲得することが必要である。なぜなら、理論とは規則についての知識にすぎないからである。そうした知識だけでは技術者になれない。人は機械を操作することに習熟することで技術者になるのである。ひとたび操作に習熟すれば、規則などは無用になる。そのとき、人はもはや規則について考える必要はなく、ある意味で自然に、うまくやれるようになるのである。

推論の技術を学ぶことも、これと同様でなくてはならない。この『論理学』を理解するだけでは不十分である。もしこの本が教える方法に習熟していないとか、習熟したとしても推論の規則をいちいち考える必要なしに推論できるほどではないという場合には、推論の技術の実践的知識を持っているとは言えない。推論の理論を知っているだけである。

推論の技術は、他の技術と同じく、長期にわたる練習によってのみ習熟できる。それゆえ、多数の対象について練習することが必要である。私はここでそうした結果を出すために必要なこととして読書を挙げるが、別の箇所でも同じように読書に言及するつもりだ。しかし、理論をよく理解すればするほど、技術の実践的知識も容易に獲得できるのだから、この『論理学』の精神を把握した後でこそ、私が言うところの読書をきちんとできるようになるだろう。それゆえ、この本を最低一度は読むことを求めたい。

この『論理学』の精神を把握したときには、自分でこの論理学を反復できるようになる。そして、推論能力が進歩するにつれて、私が言うところの読書がよりよくできるようになっていく。請け合ってもよいが、このようにして学ぶ人は自分でも驚くほど容易に学習がはかどるだろう。私自身にそうした経験がある。

訳注

＊4　原語は sens. 英語の sense に相当する言葉で、相当に多義的であるが、基本的にコンディヤックは視覚・聴覚・嗅覚・味覚・触覚という「五感」の意味で、常に複数形で使っている。従来の類書における訳に従って「感官」と訳す。

「感覚」に関連する言葉として、本書では以下のようなものが用いられている。

sentir「感覚する」という動詞。

sensation「感覚印象」。心の中に現れた外的対象のイメージ。光や色や音など。次の「機会原因」についての訳注＊5も参照。

sentiment「感覚意識」。「感覚する」という動詞の名詞形だが、美しいものを見た時の快感、臭いにおいをかいだときの不快感など、感覚に伴う快不快の感情という意味で使われることもある。

sensible「感覚的」、「感覚可能」。

sensibilité「感覚能力」。

sensiblement「はっきり見て取れる」。

いくぶんぎこちない点もあるが、それぞれのニュアンスを考慮して、かぎかっこ内のように訳した。

＊5　原語は cause occasionelle. 機会原因とは、デカルト派の哲学者ニコラ・ド・マルブランシュ（一六三八―一七一五年）が唱えた概念である。マルブランシュは、感覚印象と対象の関係、心身関係、物同士の関係という三つの領域について「機会原因論」を展開したが、ここでのコンディヤックの議論はそのうち感覚印象と対象の関係についてのものである。現代の科学的な知見を交えて簡単に説明すると、以下のようになる。

何らかの対象があり、我々がそれを見ているとする。そのとき我々は色や形を見て取るが、色や形は対象そのものにおいて実在しているだろうか。物理学的に言えば、光＝電磁波において存在しているのは波長の違いだけである。電磁波自体に色はない。脳科学的に言えば、色は電磁波を受け取った神経細胞が作り出したイメージである。ある波長の電磁波を受け取った時に我々は必ず赤い色を見るかもしれないが、ある波長と赤い色の間には類似性も必然的な関係性もない。同様のことは、空気の振動と音の感覚印象や、揮発性の化学物質とにおいの感覚印象の間など、他の感覚についても言える。「機会原因」の「機会的（occasionnel）」とは「偶然的」という意味で、要するに対象と感覚印象の間のこのような「必然的な関係のなさ」を意味している。

もちろん、コンディヤックの時代には「電磁波」という概念も脳科学も存在しなかったが、彼が言っているのはおおむねこのようなことである。つまり、我々が持つ感覚印象は、外界についてのイメージかもしれないが、対象そのものに似ているとは限らない、我々の心が作り出したものだということである。

しかも、我々は夢を見ているときには、外的対象が存在しないにもかかわらず、何らかの感覚印象を抱く。我々は常識的には、感覚印象を抱いているときには何らかの外的対象が現前していると考えるが、ある対象を見ていると思いながら、ひょっとすると単に夢を見ているのかもしれない。これはルネ・デカルト（一五九六―一六五〇年）が行った「方法的懐疑」の一つである。現代の脳科学において、しばしば「感覚印象は脳が作る」などと言われるが、そうした発想の起源はデカルトの方法的懐疑にある。

＊6　「触覚が主要なものである」という考え方には、コンディヤックより一世代上にあたるアイルランドの哲学者ジョージ・バークリ（一六八五―一七五三年）の『視覚新論』（一七〇九年）の影響がある。バークリは同書で、触覚以外の感覚では外的対象の実在を知ることはできないと主張した。そして、視覚における距離の知覚や奥行きの知覚などはすべて触覚に由来するとした。

こうした主張の背景には、ジョン・ロック（一六三二―一七〇四年）が物の性質を「第一性質」と「第二性質」に区別したことがある。ロックは「大きさ・運動・数」などは物そのものの性質だが、「色・音・味」などは知覚における現れにすぎないと考えた。『視覚新論』の主張は要するに、ロックの第一性質は触覚的なものであり、第二性質は触覚以外の感覚に由来するものだと整理したということである。

しかし、バークリはそうした主張にとどまることなく、『人知原理論』（一七一〇年）や『ハイラスとフィロナスの三つの対話』（一七一三年）では、触覚における感覚も結局のところ心に現れた感覚なのだから、外的対象の実在を保証するものではないとして、「存在とは知覚である（esse is percipi）」というフレーズで有名な観念論（非物質論）を展開した。

コンディヤックが『人間認識起源論』（一七四六年）を書いた後、ドニ・ディドロ（一七一三―八四年）が同書の主張は「バークリ的観念論」を含意しているとして批判した。コンディヤックはその批判にこたえるために『感覚論』（一七五四年）を書き、その中で、触覚だけが外的対象の実在をとらえるものであり、視覚をはじめとする他の感覚が外的対象についての知覚になるのは触覚によって教えられることによってだと主張した。つまり、バークリの『視覚新論』の議論を焼き直したわけである。それゆえに、ここでは「触覚が主要なものである」と言われているのである。

＊7　「規則に従って導く」の原語は conduire avec règle. 前段落で「制御する」と訳したのは régler である。原語を見れば明らかなとおり、両者は同じ意味である。

「調べたい対象の上で身体器官を規則に従って導く」とは、具体的にはたとえば、目でじっくり観察して形を調べたり、手で丁寧になぞって凹凸や重さを調べたりすること。感覚印象は身体の一部である感覚器官によってもたらされるのだから、感覚印象を制御するには身体を制御することが必要なのである。

＊8　原語は besoin. コンディヤック認識論のキーワードの一つ。訳注＊3で述べたとおり、人間を含む動物は意識的・意志的に研究する以前に、自然な欲求に従ってこの世界を探索して知識を得る、というのがコンディヤックの基本的な考えである。「欲求」と訳したが、この語は英訳すれば need である。つまり、恣意的に何でも欲しがるということではなく、「必要に迫られて求める」ということである。以下、「欲求」という訳語はそのようなニュアンスでご理解いただきたい。avoir besoin という成句の形でも用いられるが、これは通常「……が必要だ」と訳されるため、本書でも原則としてそのように訳した。

第二章　知識を獲得する唯一の方法は分析である。いかにして我々は分析という方法を自然そのものから学ぶか

一目見ただけでは、我々は自分が見ているものの観念を得られない

広大で豊かな田園地帯の中にそびえたつ城があったとしよう。その地方は多様な自然に恵まれている。人々の営みによってそうした状況が利用され、その土地はさらに多様で美しいものになっている。我々は夜のうちにその城に着いた。翌朝、太陽が地平線を照らす瞬間に窓が開けられ、すぐに閉められたとしよう。

我々がこの地方の風景を見たのは一瞬だが、それでも我々がその地方にあるものをすべて見たことは確かである。二度目に一瞬その風景を見たときに我々が受け取るのも、さまざまな対象が一度目に与えたのと同じ印象だけであろう。三度目も同じである。要するに、窓が閉められなかったとしても、我々は単に最初に見たのと同じものを見続けるだけである。

しかし、最初の一瞬だけでは、この地方について知るには不十分である。つまり、我々はその地方にあるさまざまな対象を見分けることができない。それゆえ、窓が開いてすぐ閉め

られたときには、我々のうちの誰もが自分が何を見たのか分からなかったのだ。こうした場合、我々は多くのものを見ながら何も学ばないのである。

観念を形成するためには、一つ一つ順番に観察しなくてはならない

最後に、窓が再び開けられて、太陽が地平線上に出ている間はもう閉められなかったのなら、我々は最初に見たすべてのものを再び、長時間にわたって見ることができる。しかし、我々があたかも恍惚の人であるかのように、最初に風景を一瞬見たときと同様、さまざまな対象が含まれた風景全体をひとまとめに見ているだけなら、夜が来るまで見続けたとしても、窓が一瞬開けられてすぐ閉められた時と同様、何も見分けることができないだろう。

この地方についての知識を得るには、風景全体をひとまとめに見ているだけでは不十分なのである。風景の諸部分を、一つまた一つと順番に見ていくことが必要なのだ。一目見て全体を把握するのではなく、ある対象から次の対象へと、順番に視線を留めていかなくてはならない。これが、自然が我々全員に教えてくれることである。多数のものを全体としてひとまとめに見る機能を我々に与えたのも自然だが、それと同時に自然は、そうしたもののうちの一つを注視する機能も我々に与えた。つまり、ただ一つのものだけに目を向けるという機能である。この機能は我々の身体組織からの帰結であり、我々が視覚によって知識を獲得できるのはこの機能のおかげなのである。

この機能は我々全員に共有されている。しかしながら、その後、我々がこの地方について語り合おうとしたとき、みなが同じようにうまく知識を得たわけではないことに気づくだろう。ある人は多少とも正しい図を描き、その図の中には実際にあるのと同じものが多数見出されるだろう。他方、何もかもをごちゃ混ぜにしてしまって、実物に対応するものを何も見て取れないような図を描く人もいる。両者とも同じものを見ていたはずなのに、一方は行き当たりばったりに視線を動かし、もう一方は秩序正しく視線を向けかえたのである。

対象をあるがままに理解するには、対象を順番に観察する継時的な秩序によって、対象間に同時的に存在している秩序を再構成しなくてはならない[*9]

では、どのような秩序によって視線を向けかえなくてはならないのだろうか。それもまた自然が教えてくれる。自然が対象を提示するのと同じ秩序である。ものの中には、とくに視線を向けるよう呼びかけてくるものがある。それは目立つもの、支配的なものである。他のものは、その目立つものの周りに従属的に配置されているように見える。そうした目立つものが、我々が最初に観察するものである。我々は、いくつかの目立つもの同士の位置関係に気づき、それから他のものをそうした目立つものの間に位置づける。そうして、それぞれのものがそれぞれの位置で見て取られるようになる。

このように、我々はまず主要なものに視線を向けることから始める。いくつかの主要なものを順番に観察し、比較し、それらの間の関係を判断する。こうした手段によって主要なもの同士の位置関係を把握したあと、我々はそれらの間を満たしているすべてのものを順番に観察し、それらを一つ一つ、直近の主要なものと比較して、それらの位置を決定する。

こうして我々はすべての対象を見分け、その形や位置関係を把握する。そして、それらの対象を一目見ただけで全体的に把握できるようになる。そのとき、我々の精神の中にある対象間の秩序は、もはや継時的なものではなく、同時的なものである。しかも、その秩序は、対象の間に実在する秩序と同じものである。このとき我々は、判明な仕方で、すべての対象を全体としてひとまとめに見て取るのである。

こうした手段によって精神はおびただしい数の観念を全体的に把握できる

知識とはそうしたものであり、我々が知識を獲得するのはひとえに、視線を向けかえたときに用いた技術のおかげである。我々は知識を一つずつ獲得するしかない。しかし、ひとたび知識が獲得されると、すべての知識が精神において同時に現れるようになる。これは、知識が我々に想起させる諸対象が、一目見ただけですべて同時に視界に現れるようになるのと同様である。

このように、目と同じことが精神についても言える。精神は、多数のものごとを一度に見て取る。しかし、これは驚くほどのことではない。視覚の感覚印象は心にのみ属しているからである。

こうした精神の視覚は、身体における視覚と同じように発展する。身体的に特に問題がないなら、精神の視覚についても身体の視覚についても、必要なのは練習だけである。そうすれば人は、視覚が把握する空間をいわば切り取ることができるようになる。それゆえ、よく訓練された精神の持ち主は、ある主題についてあれこれ考えているとき、それに関連する事柄を多数見て取るが、訓練されていない我々にはそうした事柄は見えないということがあるのだ。偉大な画家のよく訓練された目は、ある風景に含まれているさまざまなものごとを一瞬で見分けるが、その画家と同じ風景を見ているはずの我々にはそうしたものが見えないのと同じことである。

我々は、城から城へと連れていかれれば、そのたびに新たな地方について研究できるし、最初の時と同じようにそうした地方の風景を想起することもできるようになる。そうしているうちに、それらの地方のどれか一つを一番好きだと思うようになるかもしれないし、それぞれの地方にそれぞれの魅力があると思うようになるかもしれない。いずれにせよ、そうした判断をするのは、それらの地方を比較することによってである。そして、比較するということは、それらの地方をすべて同時に想起することに他ならない。こうなると、精神は身体の目が見るより多くのものを見るようになるのである。

このようにして観察することで、人はものごとを分解して再構成するのだから、人は厳密で判明な観念を形成することになる

ここで、我々が視覚によって知識を獲得するときのやり方を振り返ってみて気づくのは、広大な田園地帯のような非常に複雑な対象は、理解されるにあたっていわば分解されるということである。なぜなら、そうした対象について我々が知るのは、対象の諸部分が一つまた一つと精神の中にやって来て、秩序だって配置されたときだからである。

こうした分解を行うときに、どのような秩序に従うべきかという点については、すでに見たとおりである。主要な対象がまず精神にやって来て位置づけられる。その後、他の対象が精神にやって来るが、それが配置されるのは最初に位置づけられた主要な対象との関係に従ってである。我々がこうした分解を行うのは、一瞬見ただけでは、これらすべての対象について研究することができないからである。そこで、我々は再構成するために分解する。我々が対象についての知識を獲得したとき、ものごとは継時的であるのをやめ、ものごとが外界において持っているのと同様の同時的な秩序を精神のうちでも持つようになる。我々がものごとについて持っている知識は、こうした同時的な秩序のうちにある。なぜなら、こうした同時的な秩序が存在しない場合、我々はものごとを同時に想起できず、ものごとの間の関係について判断できなくなってしまい、その結果、ものごとについてよく理解することができなくなるからである。

こうした分解と再構成こそ、人が「分析」と名づけるものである

このように、分析とは、ある対象が持つさまざまな質を継時的な秩序に従って観察し、それらの質が外界において持つ同時的な秩序を精神においても与えることに他ならない。そしてこれは、自然が我々全員にやらせることである。一般に分析という方法を知っているのは哲学者だけだと思われているが、実は誰もが知っていることであり、これまで私は読者に何ら新たなことは教えていないのである。私はただ、読者がいつもやっていることに気づかせただけである。

思考の分析は感覚的な対象の分析と同じやり方でなされる

すでに研究した田園地帯については、そこにある多数の対象を一目で見分けることができるとはいえ、視覚がもっとも判明になるのは、視覚がある範囲に限定されている場合、つまり我々が同時に視線を向ける対象の数がそれほど多くないときである。我々は常に、自分が見ている対象より少ない対象しか判別できないのである。

精神の視覚についても同様のことが言える。私は、慣れ親しんだ知識[*10]については、かなりの数を同時に意識できる。私はそれらを同時に見るが、すべてを同じように見分けているわけではない。我々の精神に同時に現れたすべてのものを判明な仕方で見るためには、我々の目に現れたものを分解したのと同様に、それらを分解しなくてはならない。つまり、自分の思考を分析しなくてはならないのである。

こうした分析は、外的な対象を分析したのとまったく同様のやり方で行われる。人は同じように分解する。つまり、自分の思考の諸部分を継時的な秩序に従って順番に想起し、それから同時的な秩序において再構成しなくてはならない。そして、こうした組み立てと分解は、ものごとの間にある主要なものと従属的なものの関係と一致するように行わなくてはならない。最初に視覚が風景を全体的に把握していたのでなければ、人はそれを分析できないのだから、最初に精神が思考を全体的に把握していたのでなければ、人は自分の思考を分析できない。いずれの場合も、全体を一度に見ることが必要なのである。そうでなければ、すべての部分を一つ一つ順番に見ていったということが確認できないであろう。[2]

ルロワによる注

［2］コンディヤックは常に分析を、総合とは異なり、二つの操作によって構成される方法として定義する。すなわち分解のプロセスと再構成のプロセスである。こうした二重の操作であるという点で、とりわけ事前の分解の努力において、分析には比類なき価値があるのである。*Traité des Système*, 1re éd., ch. XVII, et *Art de penser*, Part. I, ch. IV を参照。

訳注

＊9　ここで「秩序」と訳した ordre には、日本語に訳すと「順序」と「秩序」という二つの意味がある。コンディヤックはフランス語で「順序」と「秩序」を区別するために、「継時的な秩序（ordre successif）」と「同時的な秩序（ordre simultané）」という言い方をしている。本書でのコンディヤックの主張の一つは、「分析の順序（ordre）が観念の秩序（ordre）になる」というものである。以下、原語と訳語の一致を図るため、ordre はすべて「秩序」と訳したが、日本語としては「順序」と言った方が自然な場合もあるので、適宜そう読み替えていただきたい。

＊10　原語は familier. コンディヤックのキーワードの一つ。コンディヤックにとって、ある対象について知識を持つこととは、単に言葉として知っていることではなく、その対象を扱う練習を重ねることでその

対象に慣れ親しみ、それを自在に操作できるということである。

なお、同様の趣旨の言葉として「習慣（habitude）」がこの後、第一部第六章以降で頻出する。こちらは、ある行動を繰り返しているうちに自動的・無意識的に実行可能になるということである。「習慣」はコンディヤックのみならず、経験論哲学全般におけるキーワードである。たとえばロックの視覚論では、本来は平面的な視覚への感覚入力（網膜像）から立体的な対象のイメージが成立するのは、触覚による判断の習慣化のおかげだとされている。つまり、目で見えているものは本来は平面的だが、我々はそれに触ってみることで立体だと判断する、そしてその判断が習慣化し、手で触らずとも単に目でものを見ただけで無意識的に遂行されるというのである。

ちなみに、コンディヤックはこうしたロックの視覚論について、『人間認識起源論』では「平面的なのは網膜像であって我々が見ているものではない。実際に平面的に見えているものをいくら触っても立体的に見えるようにはならない」（第一部第六章を要約）と適切に批判しているが、のちの『感覚論』ではロック説を受け入れている。

第三章　分析は精神を正確なものにする

感覚的な対象を表象するもの[*11]と考えられた感覚印象こそ、人が本来の意味で「観念」と呼ぶものである

誰もが気づくように、人は感覚的な対象を、それについての感覚印象を受け取ることによってのみ知ることができる。感覚印象は、我々の心の中で対象を表象するのである。対象が現前するときに我々がそれを見るのは、対象が我々の心の中で現に作っている感覚印象においてのみである。このことを認めるのであれば、対象が不在のときに我々が対象を見るのは、かつて対象が作り出した感覚印象の記憶[*12]においてである、ということも認めなくてはなるまい。つまり、原理的に言って、感覚的な対象について我々が持つことのできる知識はすべて感覚印象であり、それ以外にはありえないのである。

感覚的な対象を表象するものと考えられた感覚印象は「観念」と呼ばれる。そうした感覚印象は、対象を図示する表現なのであるから、文字どおり「イメージ」という言葉と同じことを意味する。

我々は、さまざまな感覚印象を区別するのと同じだけ、観念の種類を区別する。そうした

観念は、現にあるものについての感覚印象であるか、我々がかつて持った感覚印象の記憶にすぎないかのいずれかである。[*13]

厳密な観念、つまり正しい知識を与えてくれるのは分析だけである

前章で示した分析的方法によって我々が諸観念を獲得したとき、そうした観念は我々の精神において秩序だって配置されている。精神の中で観念は我々がかつて与えた秩序を保持しており、我々はその観念を獲得したときと同じように鮮明な形でそれらを想起することができる。もし我々が分析的方法によって観念を獲得するのではなく、場当たり的に観念を積み重ねていったとすれば、観念は大混乱に陥り、その混乱状態を保持してしまうことだろう。観念がこうした混乱状態にあると、我々の精神はもはや観念を判明な仕方で呼び戻すことができない。そうしたとき、我々が獲得したつもりの知識について語ろうとしても、相手は我々の言っていることを理解できないだろう。我々自身が理解していないのだから当然のことだ。人に理解してもらえるような仕方で話すには、観念を分析的秩序に従って理解し、表現することが必要である。分析的秩序は、我々の思考を分解し再構成する。分析的秩序のみが、観念に可能な限りの明晰さと正確さを与えることができる。そして、我々が自ら学ぶための手段はこれしかないのと同様に、我々の持つ知識を伝達するための手段もこれしかない。このことはすでに示したが、ここでも繰り返したい。さらに、のちほどまた繰り返すことにしよう。なぜなら、この真理はまだ十分に知られていないからである。それどころか、

この真理に反対する人さえいる。これほど単純で、明らかで、根本的な真理はないというのに。

たとえば、私がある機械について知りたいと思ったときには、それぞれの部品を別々に研究するために、その機械を分解するだろう。それぞれの部品について厳密な観念が得られ、さらにそれらの部品をもとどおりの秩序で組み立てなおすことができたとき、私はその機械について完璧に理解したことになる。私はその機械を分解し再構成したからである。

この機械について理解するとは、要するにどのようなことか。それは、機械そのものの中にある部品と同じ数の観念によって、その機械についての思考を組み立てることである。それらの観念は、それぞれの部品を厳密に表象しており、機械におけるのと同じ秩序で配置されていなくてはならない。

私がこの唯一無二の方法によって機械を研究したとき、私の思考は判明な観念だけを私に与えてくれる。私自身がその機械を理解しようとするときにも、他人にその機械について理解してもらおうとするときにも、思考は自分で自分を分析するのである。

この方法は誰もが知っている

誰しも自分自身の経験を振り返ってみれば、この真理に納得するだろう。小さなお針子であっても納得するにちがいない。たとえばお針子に、独特な形をしたドレスを見本として渡し、同じようなものをもう一着作ってほしいと頼んだとすると、お針子が、頼まれたドレスの作り方を学ぶために、その見本を一度分解してから作り直そうと思うのは自然なことだろう。つまり、小さなお針子でさえ哲学者と同じくらい分析という方法をよく知っているのである。いや、むしろお針子は、分析以外の学習方法があると強弁する連中より、よほど分析の有効性をよく知っているのである。

この小さなお針子とともに、分析に代わりうる方法はない、と信じることにしよう。他のどんな方法であれ、分析と同じくらい我々を啓発してくれることはない。このことは、少しでも複雑な対象について研究しようとするたびに示されるだろう。この方法は我々が考え出したものではなく、我々は単にこの方法を発見したのである。そして我々は、この方法が我々を道に迷わせるかもしれないなどと心配する必要もない。もちろん我々は、従来の哲学者が言うような分析以外の方法を発明し、それによって我々の観念に何らかの秩序を与えることができるかもしれない。しかし、そうした秩序は分析的秩序とは異なり、我々の思考にも、書くものにも、同じように混乱を生じさせるだろう。実際、従来の哲学者たちが秩序なるものを強調すればするほど、彼ら自身が混乱に陥り、聞き手も彼らの言うことを理解できなくなっていったように思われる。彼らは、分析だけが我々を教えてくれる唯一の方法だということを知らなかったのである。もっとも教養のない職人でさえ知っている、この実践的真理を。

正確な精神は分析によって作られた

じつに正確な精神を持っているにもかかわらず、まったく勉強などしたことがないように見える人がいるが、そのように見えるのは、そうした人々が、自分を教育するにはどうすればよいのかをよく考えなかったように見えるからである。実際のところ、彼らは勉強してきたし、しかもそれをうまくやってきたのである。彼らは、事前に練った計画に従って学習してきたのではないし、誰か先生に付いて授業を取ろうなどとは考えたこともないが、自然という最高の先生を持っていたのだ。彼らに研究対象を分析させたのは自然である。彼らは少しのことしか知らないが、知っていることについてはよく知っているのだ。「本能」は非常に信頼できるガイドである。「好み」は正確に、しかも感じた瞬間に判断する。「才能」は、「好み」が判断する対象を作り出すときに発揮される点で、結局のところ「好み」と同じものである。これらの機能はすべて自然の産物である。しかし、自然が我々に分析させるのは、知らず知らずのうちにである。我々は多くのものを自然に負っているが、自然はそれらすべてを我々から隠そうとしているかのようである。しかし、天才にインスピレーションを与えるのは、自然である。天才は、自分の着想がどこから来るのかを知らないので詩の女神ミューズに加護を祈るが、実は自然こそがその女神なのである。

悪い方法は精神を誤らせる

たくさん勉強してきたにもかかわらず、誤った精神を持つ人がいる。そういう人は、数多くの方法を知っていると誇るが、これ以上ないほど悪い推論をする。なぜなら、ある方法がよいものでないなら、それに従えば従うほど道に迷ってしまうからである。そういう人は、あいまいな概念、意味の空疎な言葉を原理として立てる。学問的なジャーゴン〔仲間内でしか通用しない隠語〕を作り、それが明証性を持っていると信じ込む。しかし実際は、自分が見るものについても、考えることについても、話すことについても、自分で何も分かっていないのである。人が自分の思考を分析できるのは、思考そのものが分析によって作られたものである限りにおいてである。

つまり、もう一度繰り返すが、我々が学ぶときに従うべきは分析であり、分析のみなのである。分析は、もっとも自然なものだから、もっとも単純な道である。のちに我々は、分析が一番の近道であることも見ることにしよう。我々にすべての発見をさせてくれたのは分析である。すでに発見したものを再発見させてくれるのも分析である。人が「発明の方法」*14と呼ぶものは分析に他ならない〔3〕（*Cours d'Études, Art de penser, part.* 2, *chap.* 4）。

ルロワによる注

〔3〕　コンディヤックが展開した分析の構想は、ライプニッツのいくつかのアイデアと比較しなくてはならない。ただし、ライプニッツからコンディヤックへの影響については語ることができない。たとえば Leibniz, *Meditationes de cognitione, veritate et ideis*, ed. Gerhardt, t. IV, pp. 422-426 を参照。

訳注

*11　原語は représenter. 日本語としてあまり一般的な言葉ではないが、要するに「あるものを、それが現前していない場所において、オリジナルとは別の形で出現させること」である。たとえばあなたの写真は、あなたがいない場所であなたのイメージを出現させるものである。それゆえ、あなたの写真はあなたを表象しているのである。

　ところで、写真に写るあなたのイメージは二次元で動かないものなので、あなた自身とは別の形をした別のものである。つまり「表象」は、オリジナルとは別の、それ自身としての形やあり方を持つ。訳注*5で「機会原因」について説明したとおり感覚印象と対象そのものは実は類似していないが、感覚印象は対象の表象だと考えることはできる。

*12　原語は souvenir. 記憶された内容のことである。それに対して、後ほど頻出する mémoire という言葉は「記憶する機能」を意味する。両方とも「記憶」と訳すのが日本語としては自然なのだが、本書では原語の違いを反映させるため、souvenir を「記憶」、mémoire を「記憶力」と訳し分けることにする。

*13　ここでコンディヤックは、「対象そのもの→対象の表象としての感覚印象」という、いわば常識的な図式で考えている。これは、現代の知覚心理学と同様の図式である。我々の心の外側に何らかの対象が実在していることを前提として、感覚印象とは心の内側におけるその対象のイメージだと考えるのである。

　しかし、「人は対象を感覚印象によってのみ知ることができる」のであれば、「対象」と「感覚印象」はイコールだということになる。そして感覚印象とは定義上、心の内側のものであるから、心の外側に「対象そのもの」が実在することを感覚印象によって知ることはできないはずである。では、外的対象の実在という前提は、どのようにして保証されるのか。これが問題になる。

　バークリは「存在とは知覚である (esse is percipi)」という原理を立てることで、この問題を解決するのではなく、解消してしまった。しかし、この原理は、「世界とは私の心である」という独我論的世界観を含意するから、理屈としては通っていても、いささか非常識である。

先述のとおり、コンディヤック自身、『感覚論』でこの問題に取り組んだが、最晩年の著作であるこの『論理学』は、初学者向けのテキストということもあってか、こうした哲学的難問には触れず、外的対象の実在を前提とする常識的ないし素朴な立場に立っている。

＊14　コンディヤックが「分析は発明の方法」というときに念頭にあるのは、アントワーヌ・アルノー（一六一二―九四年）とピエール・ニコル（一六二五―九五年）による『論理学、あるいは考える技術』（いわゆる『ポール゠ロワイヤル論理学』）（一六六二年）の第四部第二章「二種類の方法、分析と総合、分析の例」の冒頭部であろう。本書の第二部第六章の原注（4）でこの箇所が参照指示されている。該当部を訳しておくと、「このように二つの方法がある。一つは真理を発見するためのもので、『分析』あるいは『解明の方法』と呼ばれるものである。これはまた『発明の方法』とも呼ばれる。もう一つは、すでに発見したことを他人に教えるための方法で、『総合』あるいは『教育の方法（méthode de doctrine）』と呼ばれる」（Antoine Arnauld et Pierre Nicole, *La logique ou l'art de penser*, Gallimard, 1992, pp. 281-282）。

先にコンディヤックは「人に教えるための方法も分析だ」と主張していたが、この文を見れば明らかなとおり、そのような議論を展開したときに念頭にあったのも同書である。なお、コンディヤックは第二部第六章では「総合」批判を展開する。

第四章　いかにして自然は我々に感覚的対象を観察させ、さまざまな種類の観念を獲得させるか

人は、知っていることから知らないことへ進むことによってのみ学ぶことができる

「我々は知っていることから知らないことへ進むことしかできない」というのは、理論的には取り立てて言うまでもないような原理であり、実践的にはほとんど無視されている。むしろ無学な人だけがこの原理を直感しているようである。そうした人たちが、あなたの知らないことを教えてくれようとするときには、あなたの知っている他のものを比喩として持ち出すだろう。彼らの選んだ比喩が必ずしも上出来でなかったとしても、少なくとも彼らが、人に理解してもらうためには何をするべきかを直感していることは分かる。

学者のやり方はまったく異なる。彼らは、何を教えようとするときであれ、知っていることから知らないことへ進むという原理をあえて無視する。しかしながら、もしあなたが私の持っていない観念を私に理解させようとするなら、私の持っている観念を持ち出す必要がある。知らないこと、つまり学ぶことができるすべてのことへ至る道は、知っていることから始まるのである。新たな知識を与えてくれる方法があるとすれば、それは、これまでに知識

を与えてくれた方法以外にはありえない。

すでに持っている知識と同様、まだ持っていない知識であっても、我々の知識は結局のところすべて感官に由来する。私よりずっと知識がある人も、かつては現在の私と同様に無知だったのである。そういう人たちが、知っていることから知らないことへ進むことで学んできたとするなら、私がそうした人たちと同様に知っていることから知らないことへ進むことで学べないことがあろうか。そしてもし、すでに獲得した知識は新しい知識を私に予告するものなら、一連の分析によって知識から知識へ進んでいくことができない、ということがあろうか。まとめると、感覚印象の中には、知識のある人はすでに発見しているが私はまだ持っていないものが含まれている。感覚印象は知識がある人にも私にも共通なのだから、私にもそれを発見できないわけがないのだ。

もしも知識のある人たちが、自分がいかにして学んできたかを常に自覚しているなら、彼らが発見したものを、おそらくは容易に私にも発見させてくれることだろう。しかし彼らはそれを自覚していない。なぜなら彼らは、自分が学んだ方法について不適切な観察を行ったからである。それゆえ、彼らの大部分は、自分がいかにして学んできたかについて我々とは別の考えを持っている。もちろん、彼らが学んできたのは首尾よく分析したことによってである。しかし、彼ら自身はそのことに気づかなかった。自然は、いわば彼らの内で彼らなしで分析を遂行したからである。それゆえ彼らは、知識を獲得する優れた能力は天賦の才であり、容易に伝えることができない才能なのだと、喜んで信じているのだ。だから、彼らの言うことを理解するのが困難だとしても、驚くほどのことではない。特権的な才能を誇るようになった人たちは、他人の手が届くところにわが身を置こうとはしないものだ。いずれにせよ、我々は知っていることから知らないことへという方向でしか進めないというのは、誰しも認めざるをえないであろう。以下では、この真理を実際に使ってみることにしよう。

誰であれ、知識を獲得したことのある人は、さらなる知識を獲得できる

我々は、幼児であってさえ、一連の観察と分析によって知識を獲得してきた。それゆえ、学習をさらに進めるには、そうした知識を次の出発点にしなくてはならない。すでに獲得した知識をよく観察し、分析し、可能であればそこに含まれる要素すべてを発見しなくてはならない。

こうした知識は観念の集合体である。その集合体において観念は秩序だった体系をなしている。つまり、一連の厳密な観念が、分析によって、対象そのものの間にある秩序と一致するように配置されている。もしも観念が厳密ではなく、無秩序に配置されているのなら、我々は不完全な知識しか持っていないということである。そもそも不完全な知識は知識とは言えない。しかし誰であれ、厳密な観念の秩序だった体系を、多少とも持っているものである。そうした体系は思弁的な事柄についてのものではないかもしれないが、少なくとも我々の欲求に関係した有用なものについての体系は、誰もが持っている。そして、それ以上のものは必要ない。教育したいと思う相手に、そうした観念を取り上げさせればよいのである。そうした観念を出発点にして他の観念を教えようとするなら、そうした観念の起源と発生について相手に気づかせればよい。このことは明らかである。

観念は次から次へ連続的に生まれていく

我々が観念の起源と発生を観察するなら、それらが次から次へ連続的に生まれていくことが分かるだろう。そして、観察された継起が、我々が観念を獲得する仕方と一致するなら、我々はそうした観念をうまく分析したということである。つまり、そのとき分析の秩序は、観念の発生の秩序そのものなのである。

我々が最初に獲得する観念は、個別的観念である

先に述べたように、感覚的対象についての観念は、その起源においては、その対象を表象する感覚印象に他ならない。ところで、自然界に実在するのは個物のみである。それゆえ、我々が最初に獲得する観念は、個別的観念、あれやこれやの対象についての観念なのである。

人は観念を分類することで類や種を形成する

我々は、すべての個物に対してそれぞれの名前を考えだすことなどできなかった。我々がやってきたのは単に、個物をさまざまなクラスに振り分け、特定の名前でそれらのクラスを区別することであった。そうしたクラスが、いわゆる「類」や「種」である。たとえば我々は、幹が高く伸びてたくさんの枝に分かれ、枝先が多かれ少なかれ茂みになるような植物を「木」というクラスに入れた。これはいわゆる「類」という一般性の高いクラスである。それから我々はさまざまな木を観察し、大きさや樹形や果実などによって下位区分した。最初の「木」というクラスでは、それらの下位区分はひとまとめにされていたのである。この下位区分が、いわゆる「種」である。

このようにして我々は、知りうるものすべてをさまざまなクラスに振り分けていく。こうした手段によって我々はそれぞれの知識に場所を与え、そこに印をつける。我々はいつでも、どこを探せば知識を取り出せるかを知っている。こうしたクラスをしばらく忘れて、我々がすべての個物にそれぞれ異なった名前を付けていたらどうなったかを考えてみよう。すぐに分かることだが、膨大な量の名前が我々の記憶力を疲弊させ、何もかもを混同してしまっただろう。我々の目に映る膨大な対象を研究することは不可能になり、対象についての判明な観念を作ることはできなくなっていただろう。

それゆえ、クラスへの振り分けより合理的な方法はないのである。こうした方法がどれほど有用で不可欠のものかを考えてみれば、我々はこれを意図的に行ってきたのではないかと思いたくなるかもしれない。しかし、それは間違いである。その意図は自然にのみ属している。我々の知らないうちに自然が始めたのである。

個別的観念はいきなり一般観念になる

我々が幼児に初めて木を示すと、幼児は我々にならってそれを「木」と名づけるだろう。最初、幼児にとって「木」という名前は、ある個物の名前である。しかし、我々が幼児にもう一本の木を示すなら、幼児はその名前を聞こうとは思わないだろう。幼児は二本目の木も「木」と名づけ、二つの個物にこの名前を共用させることだろう。幼児は三本目についても四本目についても同じように「木」という名前を共用させ、ついには最初に見た木と何らかの点で類似しているように思える植物をすべて「木」と呼ぶようになる。このとき、「木」という名前は一般化されすぎており、幼児は我々が「植物」と呼ぶものをすべて「木」と呼んでいる。幼児に名前を一般化する傾向があるのは自然なことである。なぜなら幼児にとって、新たな名前を覚えるよりも、すでに知っている名前を利用する方が楽だからである。それゆえ幼児は一般化するが、一般化しようという意図は持っていないし、それどころか自分が一般化していることに気づきさえしないのである。このようにして個別的観念はいきなり一般観念になる。観念が過度に一般化されることもしばしばである。こうしたことは、我々が、区別した方が便利なはずのものごとを混同するときにいつでも起こっている。

一般観念はさまざまな種に下位区分される

幼児は自分ですぐに、自分が過度の一般化をしたことに気づく。もちろん幼児は、「過度に一般化してしまった。さまざまな木の種類を区別しなくては」などと言うわけではない。幼児は意図せずに、また自分がやっていることに気づかないまま、下位のクラスを作る。一般化を行ったのが、意図せずに、自分のやっていることに気づかないままにであったのと同様である。幼児は、自分の欲求に従うだけなのである。それゆえ私は、幼児は自然に、自分の知らないうちにクラスへの振り分けを行うと言うのだ。たとえば幼児を庭に連れていって、さまざまな種類の果物を集めさせて食べさせてみれば、幼児はサクラ、モモ、ナシ、リンゴなどの名前をすぐに学び、さまざまな木の種類を区別するようになるだろう。

要するに、我々の持つ観念は、最初は個物についてのものであり、次に突然、可能な限り一般化される。そのあと観念は、我々が区別することへの欲求を感じるのと同じだけの数のクラスへと振り分けられる。これが観念の発生の秩序である。

我々の観念は、我々の欲求の体系と一致した体系を形作る

クラスへの振り分けの動機は我々の欲求であるから、クラス分けは欲求に即してなされる。そうして作られるクラスの数には大小があるが、いずれにせよ、我々が持つさまざまな欲求は互いに関連しあっているので、観念のクラスもまた各部分が自然につながりあった体系をなしている。そして、この体系の広がりにも大小があるが、いずれにせよ、体系は我々がものごとを利用しようとするときの使い道に対応している。欲求は我々を照らす光であり、我々は欲求のおかげで徐々に識別能力を身につける。そのうち我々は、かつてはほとんど見分けられなかった差異を見て取ることができるようになる。我々がこの観念の体系を拡張し改善していくのは、自然が我々に始めさせたことを継続することによってである。

ところが従来の哲学者には、こうしたことは思いもつかなかった。彼らは自然を観察して体系を発見したのではあるが、もっとよく観察していれば、体系についての彼らの説明はもっとよいものになっていただろう。ところが彼らは、体系は自分たち次第だと思い込み、実際に自分たち次第であるかのように体系を扱った。彼らは勝手気ままに馬鹿げた体系を作り、奇妙な仕方で一般観念を乱用したのであった。

不幸なことに我々はこうした哲学者から体系について学び、最高の先生から学んだのだと誤解してしまった。実際は自然が我々に体系について教えてくれたのだが、自然はそのことを我々に気づかせなかったので、我々は体系についての知識を、ぬかりなく自分たちが先生だと主張する人たちに負っていると誤解してしまった。こうして我々は哲学者の教えを自然の教えと取り違え、まずい推論をするようになってしまったのである。

体系はいかなる技巧によって形作られるか

我々がこれまでに論じてきたことからすると、ある対象のクラスを作るということは、我々が似ていると判断するものすべてに同じ名前を与えることに他ならない。そうしたクラスを二つ、あるいはそれ以上作るときに我々がやっているのは、我々が異なっていると判断する対象を区別するために新たな名前を選ぶことに他ならない。我々が観念に秩序を与えるのは、こうした技巧によってのみである。とはいえ、こうした技巧は観念に秩序を与えるだけだ。それ以上のことはできないということに十分注意する必要がある。たとえば、我々の理解の仕方において種や類が存在するからといって、自然界にも種や類が存在すると考えるなら、我々はとんでもない間違いを犯すことになるだろう。もともと、一般名詞は何らかの実在的なものの名前ではない。一般名詞は、我々がものごとを類似や差異といった関係性の観点から考察するときに、精神の側の視点を表現するものにすぎない。木一般、リンゴの木一般、ナシの木一般などというものは存在しない。存在するのは個物だけである。つまり、自然界には類も種も存在しないのである。このことはたいへん単純なので、多くの人があえて注意を払うまでもないと思っている。しかし、もっとも単純なことは、単純であるからこそ、しばしば見落とされてしまう。我々は単純なものを軽視して観察しない。我々が悪い推論をし、過ちに陥る主要な原因は、ここにある。

体系はものごとの本性に即して作られるのではない

我々がクラスを区別するのはものごとの本性[*15]に即してではなく、我々の理解の仕方に即してである。最初、我々はものごとの類似性に気を取られてしまい、すべての植物を木だと思った幼児と同じような状態になる。次に、観察することへの欲求のおかげで識別能力が発達する。すると我々はものごとの差異に気づくようになるので、新たなクラスを作る。

我々の識別能力が向上すればするほど、クラスの数も増えていく。いかなる点でも差異がないような個物は二つとないので、すべての差異に対して新たなクラスを作っていこうとするなら、クラスの数は個物の数と同じになってしまうことは明らかだ。そうなると我々の観念にもはや秩序はなくなる。我々が方法に従って一般化を行っていたときには観念は理性の光に照らされていたが、いまや観念に混乱が訪れる。

観念はどこまで区分し、下位区分すべきか

つまり、クラスを増やすのをやめるべき上限があるのだ。区別することは重要だが、区別しすぎないことはもっと重要なのである。区別しすぎていないときには、区別すべきなのに区別していないものごとがあるかもしれないが、少なくとも区別できるものが残っている。区別しすぎたときには、すべてがごちゃ混ぜになってしまい、精神は区別する必要性の感じられない膨大な数のクラスの中で道に迷ってしまう。では、どの程度まで類や種を増やせばよいのかと問われるだろう。私の答えは、あるいは自然自身が与える答えは、我々が自分の欲求と関係するものを利用するとき、自分の行動を制御するのに十分なだけのクラスを得るまで、というものである。この答えの的確さは明らかである。なぜなら、我々は欲求のみに従ってクラスを区別するからであり、利用したいと思わないものに名前を付けようとは思わないからである。このことは少なくとも、自然に従って自らを導く人には当てはまる。しかし、人が自然から離れて悪しき哲学者になったときには、繊細だが役に立たないような区別をすることで、すべてを説明していると信じ込み、すべてをごちゃ混ぜにしてしまうのであ

る。

なぜ種は必ず混乱に陥るのか

自然界ではすべてが判明である。しかし、我々の精神の能力は非常に限られているので、自然界の詳細を判明な仕方で見ることはできない。分析しても無駄である。分析できないものが必ず残り、それゆえ我々は混乱した仕方でしか見ることができない。厳密な観念を作るにはクラス分けする技術が必要不可欠だが、この技術は主だった点についてしか我々を啓発してくれない。主要なものの間にある中間的なものについてはあいまいさが残り、中間的なものについての境界的なクラスは混乱する。たとえば木と灌木は、はっきり区別された二つの種である。しかし、小さな木もあれば、大きな灌木もある。木を小さくしていき、灌木を大きくしていくと、木とも灌木ともいえないような植物、あるいは木であると同時に灌木でもあるような植物ができあがる。つまり、そうした植物をどちらの種に分類すればよいのか分からなくなってしまうのである。

種が混乱してもとくに不便がない理由

こうしたことからは、とくに不便は生じない。なぜなら、この植物が木か灌木かを問うことは、実際にそれが何であるかを問うことではないからである。そうした問いは単に、我々がその植物に木という名前と灌木という名前のどちらを与えるべきかを問うているだけである。どちらの名前を与えても、大した問題はない。もしその植物が有用なら、我々はそれを利用し、「植物」と呼ぶだけのことである。類や種が我々の精神においてと同様に自然界においても実在するなどという想定を捨てさえすれば、こんな問題は検討するまでもない。そうした想定こそがクラスの乱用だとわきまえねばならない。研究対象をクラス分けするときに我々がなすべきは、我々の知識の及ぶ範囲を観察することだけなのである。

我々は物体の本質を知らない

感覚印象は我々が感覚的対象について持つ唯一の観念だから、我々には感覚印象が表象しているもの〔対象そのものとは似ていないかもしれないイメージ〕しか見えない。感覚印象の向こう側については、我々には何も見えないので、我々は何も知ることができない。

それゆえ、以下のように問う人に対して与えるべき答えはない。「物体の質が帰属する主体は何か。その本性は何か。その本質は何か」。我々はそうした主体も本性も本質も見ることはない。従来の哲学者はそうしたものを示そうとしたが、すべて無駄であった。そうした努力はちょうど、目が見えない人に色を見せようとするようなものだ。そこにあるのは、我々が何の観念も持っていない言葉だけだ。そうした言葉が意味するのは、感覚的な質の背後には我々が知らない何かがある、ということだけである。

我々は、観察して確信したことについてのみ、厳密な観念を持つ

分析が厳密な観念を与えてくれるのは、ものごとにおいてもともと見えているものをはっきり見せてくれることによってである。それゆえ我々は、見えるものしか見ないようにする習慣を身につけなくてはならない。このことは一般の人にとっては容易ではないが、一般の哲学者にとっても容易ではない。人は、無知であればあるほど判断したい欲望を抑えきれないものである。そして、何も観察しないうちにすべてを知っていると信じ込む。そんなことをしていたら、自然についての知識は、中身のない言葉で作られたあてずっぽうの占いのようなものになってしまうだろう。

観念は厳密であっても、完全なものにはならない

人が分析によって獲得する厳密な観念は、必ずしも完全な観念ではない。というよりむしろ、完全な観念ではありえない。我々が関わるのは感覚的対象だけだからである。感覚的対象において我々が発見するのは何らかの質だけであり、しかも我々が知ることができるのはそうした質の一部だけなのである。

我々が行うすべての研究は同じ方法でなされる。その方法とは分析である

我々はこれからさまざまな対象を研究するが、どの対象についても、やり方はこれまでと同じである。すなわち、城の窓から見た田園地帯に用いたのと同じやり方である。なぜな

ら、どのような対象においても、あの田園地帯と同様に主要なものがあり、他のものはそれに関係づけられているからである。判明でよく秩序づけられた観念を作りたいなら、ものごとをそうした秩序において把握しなくてはならない。たとえば、すべての自然現象は延長[*16]と運動を前提している。それゆえ、何らかの自然現象を研究したいときには、我々は必ず、延長と運動を物体の主要な質と見なすことになる。

これまで見てきたことは、いかにして分析は感覚的対象についての知識を我々に与えてくれるか、どのようにすれば分析が我々に与える観念は判明でものごとの秩序に一致したものになるか、ということであった。覚えておくべきなのは、この方法は唯一のものであり、いかなる研究をする場合でも、まったく同じ方法に従わなければならないということである。なぜなら、異なった学問分野[*17]を研究するとは、方法を変えることではなく、単に同じ方法を異なった対象に適用すること、すでにやったことをもう一度やり直すことだからである。重要な点は、たまたま一度うまくできたことを、いつでもできるようにすることである。実はこれは、我々が最初からやっていたことである。幼児期以来、我々は知識を獲得してきた。これはつまり、我々は知らず知らずのうちに良い方法に従っていたということである。それに加えて我々がなすべきは、それに気づくことだけである。これこそが我々がこれまでやってきたことであり、我々はこの方法を今後新しい対象に適用できるのである（*Cours d'Études*[4], *Leçons préliminaires, article premier; Art de penser, partie première, chap. 8; Traité des Sensations, part. 4, chap. 6*）。

ルロワによる注

［4］その他、*Essai sur l'Origin des Connoissances humaines*, Part. I, sect. V も参照。この章は *Art de penser* の上記の章に再録されている。

訳注

＊15 原語は nature で、これまで日本語として多少不自然な場合でも「自然」と訳してきたが、ここで論じられているのは「物質の不可知な本性」であり、「我々を導く自然」とはやや異質な用法であることから、「本性」と訳した。

＊16 延長（étendue）とは、要するに物体の大きさのこと。デカルトは、これが物体の本質的属性だと考えた。

＊17 原語は science. 語源はラテン語の「知る（scio）」の名詞形 scientia であり、要するに「(学問的)知識」という語感である。「科学」と訳したくなってしまうが、一八世紀における学問は「科学」、つまり専門学科に分化した学問ではなかった。科学がそうした形になるのは一九世紀、大学制度が整備されることによってである。一八世紀において学者は物理学や化学といった一学科の専門家ではなく、一人の学者が自然についてさまざまな観点から研究していた。そうした自然研究は、「自然哲学（philosophie naturelle）」と呼ばれるのがふつうだった。こうしたことから、一八世紀における science を「科学」と訳すのはいささか不正確である。

第五章　感官で捉えられないものごとについての観念

結果は原因の観念を与えないにもかかわらず、どうして我々は原因の実在を判断するのか

我々は感覚的対象を観察しているうちに、感官によって捉えられない対象を自然に作り上げる。たとえば、結果という目に見えるものをもとにして、目に見えない原因について判断する。

ある物体の運動は結果である。それゆえ、運動には原因がある。私の感官は原因を見て取ることはできないが、そうした原因が実在することは疑えない。そこで、私はその原因を「力」と名づける。たしかに、そうした名前は原因についての知識を増やしてくれるものではない。私は以前から知っていたことしか知らない。つまり、運動には私が知らない原因があるということしか知らない。しかし、名前を付けることで私はそれについて語ることができるようになる。たとえば、運動がより強いか、より弱いかということに即して、力がより強いか、より弱いかを判断する。つまり、いわば運動を測定することで力を測定するのである。[*18]

運動は空間と時間において展開する。私は、空間を占めている感覚的対象を見ることで、空間を見て取る。また私は、さまざまな観念や感覚印象が継起することから、ある一定の時間の長さ[*19]を見て取る。しかし私は、時間や空間において絶対的なもの〔具体的な物や出来事と関係のない純粋な空間や純粋な時間〕を見ることはない。感官は、ものごとがそれ自体として何であるかを明らかにすることはできない。感官が示してくれるのは、もの同士の関係性の一部分や、ものと私の関係性の一部分だけである。私が空間や時間や運動や運動を生み出す原因を測定するにしても、その測定結果は関係性に他ならない。測定することは、関係性を調べることと同じなのだから。

我々は観念を持っているものごとに名前を与える。しかし、そのことから、我々は名前を与えたものごとすべてについて観念を持っていると考える人がいる。こうした間違いに陥らないように気をつけなくてはならない。我々は、単にその実在を信じているだけで、あるものごとに名前を与えることもある。「力」という言葉が、その一例である。

私は、もともとは運動を結果だと考えていたが、運動がいたるところにあって自然現象を生み出しているのを、あるいは生み出すのに関わっているのを観察するや否や、運動は私の目には原因[*20]と見えるようになる。そうなると、城の窓からのぞいて田園地帯を研究したのと同じように、運動法則を観察することで宇宙について研究できるようになる。いずれの場合も研究方法は同じなのだ。

宇宙にあるすべてのものは感覚的〔sensible（感覚可能）〕だが、我々がそのすべてを見ることはない。感官を補助するための技術はあるが、それでも感官はあまりに非力である。

にもかかわらず、我々はよく観察すれば、いくつかの現象を発見することができる。我々は、現象が一連の原因と結果として、さまざまな体系をなしているのを見る。そして我々は、全体の大きさから見ればごく一部分についてではあるが、厳密な観念を作る。このようにして現代の哲学者たち[*21]は、数世紀前には誰もが不可能だと思っていたような発見をしたのだ。そうした発見を見ると、人はさらなる発見をすることができるという希望を抱くことができる（*Cours d'Études, Art de raisonner. Hist. mod., liv. dernier, chap. 5, et suivans*）。

現代の哲学者たちは、感官で捉えられない原因が実在することをいかにして我々に判断させるか。また、それについての観念をいかにして我々に与えるか

ところで、我々は、運動は結果だから原因を持つと判断したのと同じように、宇宙全体も一つの結果なのだから一つの原因を持つと判断することになる。我々はそうした原因を「神」と名づける。

神という言葉は、「力」などの、我々が観念を持たないものを指す言葉とは異なる。たしかに、神が感官で捉えられないことは明らかである。しかし、神は自らの特徴を感覚的なものごとに刻み込んだ。我々はものごとにおいて神の特徴を見る。感官は我々を神へと導いてくれるのである[*22]。

たとえば我々は、現象が次から次へ因果関係の流れに従って生み出されることに気づいたとき、必然的に第一の原因を見る[*23]。私が神について作る最初の観念は、第一原因という観念である。

この原因は第一のものだから、独立しており、必然的である。第一原因は常に存在しており、実在するすべてのものをその無限の広がりと永遠性のうちに包み込んでいる。[*24]私は宇宙の中に秩序を見る。とりわけ私は、宇宙の中でも自分がいちばんよく知っている部分〔私自身〕について秩序を観察する。私自身が多少とも知性[*25]を持っているということは、私は知性を獲得することができたということだが、それが可能だったのは、私の精神の中にある観念が私の外側にあるものごとの秩序と一致するからである。しかし私の知性は、私が理解しているものごとや理解していないものごとに秩序を与えた知性の非力なコピーにすぎない。このように考えると、第一原因は知性的である。それは全空間と全時間にわたって秩序を与える。第一原因の知性は、無限の広がりと永遠性を持ち、全時間と全空間を把握する。

第一原因は独立しているから、自分が欲することをなしうる。知性的なので、欲することについて知識を持っている、つまりは選択肢の中から欲する。要するに、第一原因は自由なのである。

第一原因は、知性としてすべてのことについて評価を下す。自由であるから、自由なものとしてふさわしい仕方で振舞う。このようにして我々は、知性と自由についての観念を作った観念にもとづいて、第一原因の善性、正義、慈悲、つまりは摂理についての観念を作っていく。これは、神性についての不完全な観念である。こうした観念は、感官に由来するもの、由来しうるものでしかない。しかし我々が、神がその作品に与えた秩序をより深く理解していけば、こうした観念はより完全なものへと発展していくだろう（*Cours d'Études, Leç. prélim.*, art. 5. *Traité des Anim.*, part. 2, chap. 6)。

訳注

＊18　ニュートンの運動法則では、力は「質量×加速度」と定義される。これはコンディヤックが言うように、力そのものが何であるかを示すものではなく、測定可能な現象によって力の強弱を定義するものである。

＊19　原語は durée.「持続」と訳されることが多いが、要するに時間にはある種の「長さ」があるということである（「ある種の」と言うのは、「長さ」とは本来空間的なものなので、それを時間について言うのは比喩的表現だからである）。なお、本書末の付論「ペリグーの教授ポテ氏から説明を求められた学説について」ではコンディヤックの時間論が展開されている。

＊20　ここで言う「原因」とは、マルブランシュ流に言うなら「機会原因」のことである。それに対して、先ほど出てきた「力」ないし「不可知の原因」については、マルブランシュはそれを「神」と名指した。たとえば物体同士が衝突したとき、物体は無秩序な仕方ではなく法則に従うような仕方で運動するが、それは神がそのように動かしているからだ、というわけである。物体の衝突は運動の真の原因ではなく「機会原因」だとされた。つまりマルブランシュは、自然現象が法則に従って推移することの原因を神に求めたのである。

　それに対してコンディヤックの主張は要するに、観察可能なものごとについてのみ研究せよ、ということである。ある運動の次に別の運動が起こることは観察可能であり、我々は先立つ運動を後続する運動の「原因」として理解する。そして、ある運動から次の運動への推移は法則に従っているように見えるが、現象がそのように法則に従って推移すること自体の原因は不可知なのだから考えても無駄だということである。

こうした主張は同時代のスコットランドの哲学者デイヴィッド・ヒューム（一七一一―七六年）などと同様で、経験科学的な実証主義的態度の表明である。いわば近代科学の理念は、自然法則が成り立つことの原因についての探求を放棄することで成立したのである。

＊21「現代の哲学者たち」というときにコンディヤックが念頭に置いているのは、運動法則や万有引力の法則を発見したアイザック・ニュートン（一六四二―一七二七年）であろう。

＊22　一読して明らかなとおり、ここでのコンディヤックの議論はこれまでの議論と整合性に欠ける。これまでコンディヤックが繰り返し強調してきた、知識は観察可能なものについてのみ得られるという立場からすれば、「神は自らの特徴を感覚的なものごとに刻み込んだ」ことがどのようにして観察できるのかが問題になるはずで、結局のところ神がどのようなものであるかは考えても無駄ということになるはずだが、当時そんなことを主張すれば「無神論」の嫌疑で迫害されるから差し控えた、というのが一つの妥当な解釈である。以下の神についての議論は当時としてはごく常識的なもので、コンディヤックがとくに力を入れて独創性を発揮しようとしているようには見えない。

あるいは、コンディヤックは一応は神父であったから、本当に神の存在を信じていたのかもしれない。実際、本書でも神や神を意味する言葉（l'Intelligence, l'Auteur）が何度も繰り返されている。とはいえ、不可知なことを信仰することと、知識の及ぶ範囲について科学的に研究することは、必ずしも両立不可能ではない。

＊23　原語はJe vois. つまり直説法現在形である。実際問題として第一原因が見えるはずがなく、因果関係の流れをさかのぼっていけば必然的に第一の原因があるはずだと判断するということである。それを、「第一の原因を（現在において実際に）見る」と表現することで、「神は観察可能だ」と強弁しているわけ

である。

＊24　「第一原因としての神」はアリストテレス（前三八四—三二二年）が『形而上学』第一二巻第六—八章などで議論したものである。それをトマス・アクィナス（一二二五頃—七四年）がキリスト教の神に応用し、キリスト教の神についての一つのイメージとして普及させた。

なお、「因果関係の流れをたどった最初の原因」とはいっても、時間的に最初という意味ではない。アリストテレスが考えたのは、天球の運動が永遠に持続しているということは、それを動かし続けているなにがしかの原因があるはずだということであった。たとえて言うなら、作動中の因果系列の動力源といったところである（正確を期すると、アリストテレス自身は第一原因を動力因ではなく目的因とした。いわゆる「不動の動者」である）。それゆえにコンディヤックも「第一原因は常に存在している」と言っているのである。

＊25　原語は intelligence. 第一部第七章の知性（entendement）についての訳注＊27を参照。

第六章　同じ主題のつづき

行動と習慣

ある結果に対する原因と見なされた運動は「作用（action）」と名づけられる。運動する物体は、空気を切り裂き、他の物体に衝突するとき、空気や物体に作用を与える。ただし、そこで働いているのは無生の物体（corps inanimé）の作用だけである。

生物の身体（corps animé）がなす行動（action）も同様に運動の中にある。それぞれの生物は、さまざまな身体器官を生まれつき持っており、それを用いてさまざまな仕方で運動することができる。つまり生物は、さまざまな仕方で行動することができる。それぞれの生物種は、身体組織と同様に行動においても、その種に固有のものを持っているのである。

こうした行動はすべて感官によって捉えられるから、それらについての観念を作るには観察するだけでよい。いかにして身体が習慣を獲得したり失ったりするかに気づくのも、それほど難しくはない。誰もが自分の経験から知っているように、何度も繰り返しやってきたことは、それについて考える必要なしにできるし、逆に、しばらくやっていなかったことは、以前のように簡単にはできなくなってしまうのである。つまり、習慣を身につけるためには、何度か繰り返し行うだけでよく、習慣を消すためには、行うのをやめるだけでよいのである（*Cours d'Études, Leç. prélim., art. 3. Traité des Anim., part. 2, chap. 1*）。

人は、身体の行動をもとに心の作用を判断する

身体の行動（action）を決定するのは、心の作用（action）である。人は、目で見ることができる身体の行動をもとに、目に見えない心の作用を判断する。つまり人は、自分が欲したり怖れたりしたときにどのような行動を取るのかに気づいたことで、他人の欲望や恐怖をその行動から見て取れるようになったのである。このように、身体の行動は心の作用を表象しており、ときに行動はもっとも秘められた心の内さえ暴き出してしまう。心の作用を表象する行動は、いわば自然の言語である。それは最初の言語であり、もっとも表現力豊かで嘘をつかない言語なのである。後ほど論じるが、我々が諸言語を作ることを学んだのは、この行動の言語をモデルとしてである。

徳と悪徳の観念

一見すると道徳的な観念は感官では捉えられないように思える。少なくともそれらの観念は、知識は感覚印象に由来することを否定した従来の哲学者たちの感官では捉えられなかったようである。彼らはあえて「徳は何色で、悪徳は何色ですか」などと問うた。私の答えは、徳はよい行動の習慣にあり、悪徳は悪しき行動の習慣にある、というものである。こう

した習慣や行動は目に見えるものである。

行動の道徳性の観念

しかし、行動の道徳性は感官で捉えられるだろうか。いや、捉えられないはずがない。もちろん行動の道徳性とは、我々の行動が法律に一致しているということに他ならない。法律とは人間が作った規約だからである。

法律が規約だというなら、それは恣意的なものということになると言う人がいるかもしれない。たしかに恣意的な法律はありうるし、なかには恣意的にすぎるものもあるかもしれない。しかし、我々の行動の善悪を規定する法律は恣意的ではないし、恣意的ではありえない。たしかに、そうした法律は、我々が作った規約なのだから、我々の作品である。しかしながら、我々は自分たちだけで法律を作ったのではない。自然が我々とともに法律を作ったのである。自然が我々に法律を課したのであり、我々にはそれ以外のものを作る能力などなかった。人間の欲求と諸機能が所与のものであるということは、法律もまた与えられているということである。我々が法律を作ったといっても、我々をあれこれの欲求とあれこれの機能を持つものとして創造した神こそが、実は唯一の立法者なのである。我々における自然〔我々の本性〕と一致した法律に従うことで我々は神に従っているのであり、そうすることで行動の道徳性が達成されるのである。

人間は自由であるということから、人間のなすことの中にはしばしば恣意的なものがあると判断する人がいる。その結論は妥当なものである。しかし、人間がなすことはすべて恣意的だと判断するなら、間違いである。我々には、我々の身体構造からの帰結としての欲求を持たない自由はないのだから、欲求が我々に仕向ける行動をしたくない気持ちになる自由もないのである。それに、もし欲求が仕向ける行動をしないのであれば、我々はその罰を受けることだろう（*Traité des Anim., part. 2, chap. 7*）。

第七章　心の諸機能の分析

我々に自分の精神について教えてくれるのは分析である

これまで我々は、いかにして自然が感覚的対象の分析を我々に教え、いかにして自然がその方法で我々に各種の観念を与えるのかを見てきた。いまや我々はすべての知識が感官に由来するのを疑うことはできない。

しかし、我々の知識の範囲を広げるという問題が残っている。知識を拡張するには自分の精神の導き方を知る必要があるが、精神の導き方を学ぶには精神についての完全な知識が必要だということは、ご理解いただけるだろう。つまり、考える機能のなかに含まれる諸機能をすべて解きほぐすことが必要なのである。なお、この目的を達成し、さらにはどんなものであれ他の問題を解決しようとするとき、これまで人々がやってきたように問題ごとに新たな方法を探すことなど必要ない。分析を使いこなせるなら、すべての問題を十分解決できるのである。

感覚する機能の中に、心の機能がすべて見出される

心だけが感覚するのだから、心だけがものごとを知る。そして、感覚印象によって知られたものを分析するのも心だけである。しかし、心が自分自身について知らず、自分の諸機能について無知であるなら、どうして心は自らの導き方を学ぶことができようか。つまり、先に指摘したように、心は自らを研究する必要がある。我々は心が持ちうる機能をすべて発見しなくてはならない。ところで、そうした機能を発見するために探すべき場所は、感覚する機能をおいて他にあろうか。いうまでもなく感覚する機能は、我々が知りうる限りの機能すべてを含んでいる。我々が心の外側にある対象について知るのは心が感覚するからであり、我々が心の内で起こることを知るのも心が感覚するからではないか。こうしたすべてのことが、感覚する機能を分析するよう我々を促す。実際にやってみよう。

以下のように考えると、分析が非常に容易になる。つまり、感覚する機能を分解するには、我々が何であれ知識を一つ獲得したときに心の中で起こることを順番に観察すればよい、ということである。いま「何であれ知識を一つ」と言ったが、それは、複数の知識を獲得するときに心の中で起こることは、知識を一つだけ獲得したときに起こったことの繰り返しに他ならないからである。[*26]

注　意

私の視覚に田園地帯が与えられたとき、最初の一瞥ですべてのものが見えるが、それらを識別することはまだできない。さまざまな対象を解きほぐし、それらの形や位置について判明な観念を形成するためには、それらの対象の一つ一つに視線を留めていく必要がある。ここまではすでに見てきたとおりである。さて、私が一つの対象に視線を向けているときには、他の対象も見えているはずなのに、私にとってはあたかも見えていないかのような状態になる。私は、同時に現れている多くの感覚印象のうち、視線を固定している一つの対象だけを感じるらしい。

こうした注視は、〔身体器官の側から考えれば〕視線の先にある対象に目が向く（tendre）という行動である。それゆえ、私はこの機能に「注意（attention）」〔tendre の名詞形から派生〕という名前を与える。目という器官が向く方向〔としての注意〕は、物体のうち注意を引く部分である。このことは明らかだが、では心の側から考えると注意とは何か。それは、あたかもそれだけを感じているかのように思われる感覚印象である。そのとき、他の感覚印象はあたかも感じていないかのような状態になっている。

つまり、我々がある対象に向ける注意とは、心の側から見ると、その対象が我々の心に作る感覚印象に他ならない。いわば排他的になった感覚印象である。この注意する機能が、感覚する機能の中から最初に見いだされる機能である。

比較

我々は一つの対象に注意を向けるのと同じように、二つの対象に同時に注意を向けることができる。そのときには、一つの排他的な感覚印象ではなく、二つの排他的な感覚印象を感じる。これを我々は、二つの感覚印象を比較していると言う。なぜなら、我々は二つの感覚印象を排他的に感じ、一方を他方の脇に置いて観察しているが、他の感覚印象には気を取られていないからである。そして、これこそが「比較」という言葉の本来の意味である。

つまり、比較とは二重の注意である。比較とは、あたかもそれだけを感じているかのように思われる二つの感覚印象であり、そのとき他の感覚印象は排除されている。

ある対象は、現前しているか不在であるかのいずれかである。対象が現前しているとき、注意とはその対象が我々の心で現に作っている感覚印象である。対象が不在のとき、注意とはその対象がかつて作った感覚印象の記憶である。この記憶のおかげで我々は、不在の対象についても現前する対象についてと同じように比較の機能を働かせることができる。記憶力については、すぐ後で取り上げよう。

判断

我々は、二つの対象を比較するや否や、つまり二つの対象が我々の心の中に作る二つの排他的な感覚印象を横に並べて感じるや否や、それらが似ているか異なっているかを見て取ってしまう。ところで、似ているか異なっているかを見て取ることは、判断することである。つまり、判断することもまた感覚印象に他ならないのである（*Grammaire, part.* 1, *ch.* 4）。

反省

私は、最初の判断によってある関係について知ると、別の関係について知るために二つ目の判断をしたいという欲求を持つ。たとえば私は、二つの木のどこが違っているかを知りたいと思い、それらの樹形や幹や枝や葉や果実などを順番に観察する。私はこれらのものを順番に比較し、一連の判断を下す。そのとき私の注意はある対象から別の対象へと、いわば反射していく（réfléchir）。それゆえ、反省している（réfléchir）と言うのである。つまり、反省とは一連の判断であり、それは一連の比較によってなされる。そして、判断や比較の中身は感覚印象に他ならないから、同様に反省の中身もまた感覚印象だけなのである。

想像力

反省する機能によって対象ごとに異なる質に気づいたとき、その同じ反省によって、複数の対象の中にばらばらに含まれていた質を、一つの対象の中にまとめることもできるようになる。そうすることで、たとえば詩人は、これまで実在したことのないような英雄の観念を作り上げたのである。そうして作られた観念は、精神の中でしか現実性を持たないイメージである。そうしたイメージを作り出す反省は、「想像力（imagination）」〔imaginer（イメージを思い浮かべる）の名詞形〕と名づけられる。

推論

私がある判断を表明したとき、その判断は、表明していない別の判断を暗黙のうちに含んでいるかもしれない。たとえば、私が「ある物体が重い」と言ったとすると、私は暗黙のうちに「その物体は支えておかないと落下する」と言ったことになる。このように二つ目の判断が一つ目の判断の中に含まれているとき、一つ目の判断の帰結として二つ目の判断を表明することができる。それゆえ、二つ目の判断は一つ目の判断の結論と呼ばれる。たとえば、「この円《まる》天井は非常に重い。それゆえ、しっかり支えておかないと落下するだろう」などと言うわけである。これがいわゆる「推論する」ということである。推論するとは、こうした種類の二つの判断を表明することに他ならない。それゆえ、判断の中身と同様、推論の中身も感覚印象に他ならないのである。

いま行ったような推論における二つ目の判断が、あからさまに見て取れるような形で一つ目の判断に含まれているときには、誰もあえて結論を探求しようとは思わない。結論を探求する必要があるのは、二つ目の判断が一つ目の判断の中にはっきり見て取れるような形で示されていないときである。そうしたときには、知っていることから知らないことへ、一連の中間的な判断を経由して最初の判断から最後の判断へ進み、ある判断の中に含まれている別の判断を順番にすべて見ていくことが必要なのである。そうした判断としては、たとえば、「気圧計の管の中の水銀が、ある一定の高さで支えられている」という判断が、「空気には重さがある」という判断のなかに暗黙のうちに含まれている、という例がある。しかし、このことは直接には見えないので、知っていることから知らないことへ、一連の中間的な判断を経由して、最初の判断が二つ目の判断の結論であることを発見する必要がある。我々はすでにこのような推論を行ってきたし、これからも行うだろう。そして、こうした推論を行う習慣を身につけたときには、推論で用いるすべての技巧を解明するのは難しいことではなくなる。人は、自分がやり方を知っていることについては、いつでも説明できるものだ。それゆえ、推論することから始めよう(3)。

知性

ご覧のとおり、これまで観察してきた諸機能は、すべて感覚する機能に含まれている。心は感覚する機能によってすべての知識を獲得する。心は、耳で音を聞き取るのと同じように、感覚する機能によって研究対象をいわば聞き取る（entendre）。それゆえ、これまでの諸機能を結合した機能を「知性[*27]（entendement）」〔entendre の名詞形〕というのである。つまり知性は、注意、比較、判断、想像力、推論という機能で構成されている。知性について、これ以上厳密な観念は作りえないだろう（*Cours d'Études, Leç. prélim., art.* 2. *Traité des Anim., part.* 2, *ch.* 5）[5]。

原注

（3）私はかつて寄宿学校（Collège）で先生が以下のように教えていたことを思い出す。「推論の技術の要点は、二つの観念を第三の観念によって比較することにある。観念Aが観念Bを含むか含まないかを判断するには、第三の観念Cを用いて、順次AとBと比較していくのである。もし観念Aが観念Cに含まれており、観念Cが観念Bに含まれているなら、観念Aは観念Bに含まれていると結論しなさい。もし観念Aが観念Cに含まれており、観念Cが観念Bに含まれていないなら、観念Aは観念Bを含まないと結論しなさい」。このようなことには、何の使い道もない。

ルロワによる注

［5］ その他、*Essai sur l'Origin des Connoissances humaines*, Part. I, sect. II, ch. I-VIII, *Traité des Sensations*, Part. I, ch. II, et *Extraits raisonné du Traité des Sensations*, Part. I も参照。

訳注

＊26 本章の議論は、『人間認識起源論』および『感覚論』の焼き直しである。

＊27 entendement は、哲学の文献では「知性」や「悟性」などと訳されることが多いが、要するに「ものごとを理解する能力」のことである。「知性」という言葉、ましてや「悟性」という言葉は日本語としてあまり日常的ではないが、entendement というフランス語もあまり日常的に使う言葉ではないので、コンディヤックは語源からその語義を解釈しているのである。言うまでもなく entendre という動詞は日常的に用いられる。ちなみに、哲学の文献で「知性」や「悟性」と訳される英語は、understanding である。

なお、第五章で「知性」と訳した言葉は intelligence である。コンディヤックが書いているとおり、entendement は「聞く」という言葉の名詞形だが、intelligence はラテン語の「理解力」を意味する intelligentia が語源である。さらにその語源をたどると、「拾う」や「読む」を意味するギリシア語 lego にさかのぼる。言うまでもなく、その名詞形はかの「ロゴス」である（inte- は「あいだ」を意味する接頭辞）。

このように、entendement と intelligence では語源が違うしニュアンスも微妙に異なるが、日本語として訳し分けることは困難である。「知性」という意味での intelligence は第一部第五章のほか、第一章に一箇所（「自然を創造した知性」）しか出てこない語なので、混乱は少ないと判断し、こちらも「知性」と訳しておいた。

第八章　同じ主題のつづき

これまで我々は、感覚印象を外的対象の表象として考察することで、感覚印象からすべての観念が生まれ、また知性を構成するすべての働きが生じることを見てきた。以下では、感覚印象を我々にとって心地よいもの、不快なものとして考察することで、意志に関係するすべての働きが生じることを見ていくことにしよう。[*28]

欲求

「苦しむ」という言葉は本来、不快な感覚印象を感じるという意味だが、心地よい感覚印象を失うことも多かれ少なかれ苦痛であることも確かである。ここで気づいておくべきは、「失う」ことと「初めからない」ことは同じ意味ではないということだ。自分がいままで持ったことがないものについて、それを楽しんだ経験を持っているはずがない。そんなものがあるということさえ知らないはずである。失ったものについては事情はまったく異なる。我々はそれについて知っているだけでなく、それを楽しむ習慣を身につけていたり、あるいは少なくとも、その楽しみがもたらしてくれるであろう快楽を想像する習慣を身につけていたりする。このような場合、失うことは一種の苦痛だが、この苦痛はもっと絞った言い方をするなら「欲求」と名づけられる。あるものについて欲求を持つとは、それを失ったことで苦痛を感じるということなのである。

不満

こうした苦痛は、もっとも弱い段階では、苦痛というよりはむしろ、気分がよくないとか、おもしろくないといった状態である。私はこうした状態を「不満」と名づける。

不安

不満は、欲求の対象を手に入れるための運動をするように我々を仕向ける。そうなると我々は安らかな気持ちで休息することができない。それゆえ、不満は「不安」という名前で呼ばれることになる。楽しむことへの障害が多ければ多いほど、不安は増大する。こうした状態は苦悩に至ることもある。

欲望

欲求が我々の休息を乱し、不安を生み出すのは、我々がある対象を失って苦しんでいるとき、欲求が我々の心身の機能をその対象に固定してしまうからである。我々はその対象が与えてくれた快楽を思い出す。反省は我々に、その対象を手に入れたときにまた得られるであろう快楽を判断させる。想像力はその快楽を誇張し、我々は楽しみを得るために、できる運動は何でもする。つまり、我々の心身の機能はすべて、欲求を感じる対象へと差し向けられるのである。この差し向けられた方向こそ、我々が「欲望」という言葉で理解するものである。

情　念

心地よいものを楽しむ習慣が形成されるのは自然だが、同様に、そうしたものを欲望する習慣が形成されるのもまた自然である。そして、この習慣化した欲望は「情念」と呼ばれる。こうした欲望のいくつかは、いわば恒久化する。欲望は、しばらくのあいだ中断することがあるかもしれないが、ほんのわずかなきっかけで再燃する。欲望が強烈であればあるほど、情念はいっそう暴力的なものになる。

期　待

我々があるものを欲望しており、それを入手できると判断したとき、この判断は欲望と一緒になって期待を生み出す。

意　志

さらに、もう一つの判断が意志を生み出す。その判断とは、欲望の実現には何の障害もないに違いないという判断が経験によって習慣化したときに我々が行う判断である。「私はしたい」が意味するのは、「私は欲望する。そして私の欲望を邪魔するものは何もない。すべてが一致して欲望の実現に向かっているに違いない」ということなのである。

意志という言葉の別の意味

これが「意志」という言葉の本来の意味だが、この言葉はもっと広い意味で使われることがある。つまり、「意志」という言葉で、欲求から生じるすべての習慣、すなわち欲望、情念、期待、絶望、恐れ、確信、慢心、その他すべての習慣を含む機能と理解する人もいる。しかし、これらの観念を形成するのは容易である。[6]

思　考

最後に「思考」という言葉だが、これはさらに意味の広い言葉であり、知性にかかわるすべての機能と、意志にかかわるすべての機能をその意味の中に含んでいる。なぜなら、考えるとは、すなわち、感覚する、注意を向ける、比較する、反省する、想像する、推論する、欲望する、情念を抱く、期待する、恐れるなどのことだからである（*Traité des Anim.*, *part.* 2, *chap.* 8, 9 *et* 10）。

ここまで我々は、心の諸機能が感覚印象から順次どのようにして生じてくるかを説明してきた。[*29] 心の諸機能とは、そうした諸機能になるように変形した感覚印象に他ならないということがお分かりいただけただろう。

この本の第二部では、推論に用いるすべての技巧を発見していく予定である。そうした研究の準備をしておくことが必要だろう。そのために、単純で容易な問題について推論を試みることにしよう。ただし、その問題について従来の哲学者たちが今日まで多大な努力を払いながらいつもまったく間違った説明をしてきたことを考えると、単純で容易な問題などではないと思う人もいるかもしれない。そうした問題が次章の主題である。

ルロワによる注

［6］ *Traité des Sensations*, Part. I, ch. III, et *Extraits raisonné du Traité des Sensations*, Part. I を参照。

訳注

＊28　我々は感官で外的対象を認識するが、たとえば美しいものは心地よく、臭いにおいは不快であるように、外的対象についての感覚印象は必ず快不快の感情（sentiment）を伴う、というのがコンディヤックの見立てである。そうした感情が我々の行動を動機づけるのである。なお、本章の議論は『感覚論』の焼き直しである。

また、ここで「感覚印象が感情を伴う」と書いたが、それでは「外的対象を表象する感覚印象と我々の心は別物であり、感覚印象に我々の側が感情を感じる」と思われるかもしれない。しかし、コンディヤックの考えに即して言えば、感覚印象は私の心と別物ではなく私の心そのものの変容であり、感覚印象そのものが快不快の感情なのである。

＊29　コンディヤックは、「心の諸機能が感覚印象から順次どのようにして生じてくるかを説明してきた」と言うが、第一部第一章で彼自身が言っていたように、これは実際に心の諸機能が「生じる」過程、すなわち幼児が実際に成長発達する過程ではなく、「現在の我々が知識を獲得するときにどのように自分自身を導いているかを研究すること」によって作り上げられた議論だったはずである。しかも一読して明らかなとおり議論は非常に形式的で、本当に自分たち自身を観察したのかどうかさえ疑わしい。だとすれば、こうした議論はいったい何を論じているのだろうか？　コンディヤックの「発生論的説明」は一見すると明晰だが実のところ多義的であり、本質的に異質な複数の過程を重ね合わせることで構築されたものであることが、本書を読み進めていくうちに明らかになっていくだろう。

第九章　感覚能力と記憶力の原因について

感覚能力と記憶力を可能にしている物理的な原因*30のすべてについて詳細を説明することは不可能である。しかし、誤った仮説にもとづいて推論するのではなく、経験と類比関係に頼って考えることは可能である。すべてのことを説明するなどと大言壮語せず、説明できることだけを説明することにしよう。

誤った仮説

ある哲学者[7]は震えたり振動したりする張りつめた弦として神経を描き、感覚能力と記憶力の原因を言い当てた気になっている。しかし、こうした仮説は明らかにまったく想像上のものだ。

別の哲学者[8]は、脳は柔らかい物質でできており、動物精気*31がそこに跡を残すのだと言っている。そうした跡はしばらく保持され、動物精気は脳内を何度も行き来する。それゆえ動物は感覚意識と記憶力を持つことができるというのである。そうした哲学者は、もし脳が、跡がつくほど柔らかい物質でできているなら、跡を保持するほどの固さを持っていないはずだということには注意を払っていない。また彼らは、絶えず動いて循環している物質に無数の跡が残ることなどまったく不可能だということを考慮していないのだ。

哲学者が一つ目の仮説を思いついたのは、神経を楽器の弦のようなものだと判断したからである。二つ目の仮説を思いついたのは、脳で作られる印象は、どの部分も動かない表面に刻まれた刻印のようなものだと思い描いたからである。こうした仮説は明らかに、観察にもとづいて推論されたのでも、類比関係にもとづいて推論されたのでもない。何の関係もないもの同士を比較しただけである。

動物の内部には、植物的生命の原理としての運動がある

動物精気が存在するかどうか、私には分からない。脳が感覚意識の器官であるかどうかさえ、私には分からない。私には、線維組織や固体の本性や流体の本性についての知識もない。つまり、私は身体のメカニズムについて非常に不完全であいまいな観念しか持っていないのである。私が知っているのは単に、植物的生命と感覚能力の原理としての運動があるということだけだ[*32]。動物は、この運動が持続する限り生存し、この運動が停止すれば死ぬ。経験が教えるのは、動物の生命の最小限度のあり方は植物的生命の状態だということである。動物は、自然な場合としては深い眠りに陥っているとき、そうした状態になる。また、偶発的な場合としては脳卒中に襲われたとき、そうした状態になる。

私は、そのような状態のときに動物の中で行われている運動について、憶測を述べることはしない。我々が知っているのは、血液が循環していること、内臓と腺が生命力の維持や回復に不可欠の機能を果たしていることだけである。我々には、この運動がそうした効果を発揮するとき、どんな法則に従っているのかは分からない。しかし、そうした法則が実在するのはたしかであり、そうした法則が、動物に植物的生命を与えるよう運動のあり方を規定しているのである。[9]

この運動が取りうる規定が感覚能力の原因である

ところで、動物が植物的生命の状態を脱して感覚能力を身につけるとき、この運動は別の法則に服し、新たな規定に従う。たとえば目が光に対して開かれたとき、目に当たる光線が、目に植物的生命を与えている運動のあり方に新たな規定をもたらし、目を感覚可能な状態にする。他の感官についても同じことが言える。つまり、感官のそれぞれが成立する原因は、生命の原理である運動のあり方が、感官それぞれに特有の仕方で規定されることにある。

このことから、動物に感覚能力を与える運動は、動物に植物的生命を与える運動が変化したものだということがお分かりいただけるだろう。運動がこのように変化するのは、感覚器官に対する対象の作用が機会原因になるからである。

これらの規定は感覚器官から脳へ伝わっていく

ところで、動物に感覚能力を与えるように規定された運動は、外的対象からの作用に直接さらされている〔目や耳などの〕感覚器官だけで働くのではない。この運動は脳まで伝達される。観察が教えるところによると、脳は感覚意識の第一の中心的な機構である。つまり感覚能力の原因は、感覚器官と脳のコミュニケーションなのである。

それゆえ、たとえば脳が何らかの原因で圧迫されたときには、感覚器官から伝達されてきた印象に応じることができなくなり、動物は即座に感覚能力を失う。脳を圧迫から解放すると、どうなるだろうか。感覚器官は脳に作用し、脳は感覚器官に反作用して、感覚意識が復活するのである。

脳を圧迫しない場合でも、脳が他の身体の部分とコミュニケーションをほとんど取れなかったり、まったく取れなかったりする場合がある。たとえば脈管が閉塞したり、腕を強く縛ったりした場合、手と脳の交通が減退あるいは一時停止する。そうしたときには、手についての感覚意識は弱まるか、完全に消えてしまう。

ここで主張したことは、すべて観察によって確認されている。私は恣意的な仮説から観察を救い出しただけである。観察を真理の光の中に置く手段はこれだけなのであった。

我々が感覚するのは、感覚器官がものに触れるか、ものによって触れられたときだけである

植物的生命を与える運動がさまざまな規定を受けることが、感覚能力の唯一の物理的あるいは機会的原因である。その帰結は、我々が感覚するのは、感覚器官がものに触れるか、ものによって触れられたときだけだということである。対象は感覚器官に接触することでそれに作用し、植物的生命を与える運動に規定を伝達して動物を感覚可能な状態にするのである。このことから、嗅覚や聴覚や視覚や味覚を、触覚の延長として考察することができる。たとえば、何らかの形をした物体〔光の粒子といったもの〕が網膜を打つということがなければ、目は何も見ない。別の何らかの形をした物体〔振動する空気の粒子といったもの〕が鼓膜を打つということがなければ、耳は何も聞かない。つまり、視覚や聴覚といった感覚印象の種類を決めている原理は、植物的生命を与える運動に対象がもたらす規定である。そうした規定は、対象の作用にさらされた部分の身体組織に応じて異なっているので、感覚印象の種類が異なってくるのである。

我々は、いかにして物体の接触が感覚印象を生じさせるのかを知らない

しかし、何らかの微粒子が接触することで、どうして音や光や色の感覚印象が生じるのだろうか。我々が心の本質や目や耳や脳のメカニズム、網膜上に広がる光線や鼓膜を打つ空気の本性について知っているなら、説明することもできただろう。しかし、これらのことについて我々は無知である。こうした現象に対する説明は、経験によって知りえないものごとについての仮説を作るのが好きな人たちに任せておこう。

我々に新たな感覚器官が与えられていたなら、新たな感覚印象が生じていただろう

もしも神が我々の身体に〔目・耳・鼻・舌・皮膚以外の〕新たな感覚器官を備えつけていたなら、そうした感覚器官は、植物的生命を与える運動に既存の感官とは別の新たな規定をもたらすようにできているだろうから、我々は、これまで感じてきたのとは別種の感覚印象を感じていたことだろう。そうした感覚器官のおかげで我々は、対象の中に、これまで何の観念も持ちえなかったような属性を発見することができただろう。こうした感覚器官は、新たな快楽と新たな苦痛の源に、つまりは新たな欲求の源になったことだろう。

第七の感官や第八の感官など、いくつでも好きなだけ新しい感官を仮定できるが、それらについても同じことを言わねばならない。我々の身体に与えられた新たな感覚器官は、身体に植物的生命を与える運動を、我々には想像もできないような仕方で変化させたことだろう。

とはいえ、そうした新たな感官も、感覚印象を生じさせるためには、何らかの形をした微粒子に揺り動かされるのでなければならない。つまり、新たな感官も、他の感官と同様に触覚によって教育され、触覚のおかげで感覚印象を対象に関係づけることを学ぶようになっていたはずだ。[*33]

我々が現に持っている感官は我々にとって十分なものである

しかし、我々が現に持っている感官は、我々の自己保存のためには十分なものである。それだけでなく我々の感官は、それを利用するすべを知っている人にとっては知識の宝庫である。他方、そうしたすべを知らない人が、感官からそれほど豊かな知識を引き出せないとしても、自分は知的に貧困だなどと思うことはないだろう。なぜなら、そういう人は、他の人が、自分たちと同じ感覚印象の中に、自分たちが見ていないものを見ているなどとは思いつきもしないだろうからである。

動物はいかにして意志に従って動くことを学ぶか

感官が脳に及ぼす作用が、動物を感覚可能な状態にする。しかし、それだけで身体が行いうるすべての運動が可能になるわけではない。それに加えて脳が、手足を運動させるために作られた全身の筋肉と内的器官に作用しなくてはならない。観察によってこうした脳の作用が証明されている。

要するに、まずこの主要な機構である脳が感官の側から何らかの規定を受け取り、それから脳が別の何らかの規定を身体のいくつかの部分に伝達することで、動物は動くのである。

もしも〔動物の身体構造として〕感官から脳への作用や脳から手足への作用がなんらの感覚意識〔快不快の感情〕も伴わないものだったなら、動物は不確かな運動しかできなかっただろう。運動しても苦痛や快楽を感じることがなければ、動物は自分の身体運動に関心を持たなかったにちがいない。そうした動物が自分の身体運動を観察することはなく、身体運動を自分で制御するのを学ぶこともなかっただろう。

しかし実際は、動物は苦痛や快楽に導かれて、ある運動を避け、ある運動をするよう促される。それゆえ動物は、ある運動は避け、ある運動はすることを学習するのである。動物は自分の感じる感覚意識を比較し、快不快に先立つ運動や、快不快を伴う運動に気づく。要するに、動物は試行錯誤するのである。十分に試行錯誤したあと、動物は自分の意志に従って運動する習慣を身につけるに至る。そのとき動物の運動は制御されている。身体の習慣はすべて、こうした原理に従って獲得されるのである。

動物の身体はいかにしてある運動の習慣を獲得するか

こうした習慣化した運動は我々が制御しているのではあるが、我々は自分が身体を支配しているとは思っていない。なぜなら、反復の効果によって、我々はそれを行うとき、それについて考える必要がなくなっているからである。そうした習慣は、「自然な運動」、「機械的な行動」、「本能」などと呼ばれ、生まれつきのものだと誤って考えられてきた。こうした先入観を避けるには、同じように自然にできるようになった運動の中でも、獲得したときのことを覚えている運動について考えることで、そうした習慣がどういうものかを判断するのがよい。

たとえば、私が最初にチェンバロ〔ピアノの原型になった鍵盤楽器〕のうえに指を置いたとき、指は不確かな運動しかできなかった。しかし、私がこの楽器の演奏を学んでいくに従って、鍵盤の上で指を動かす習慣が少しずつ身についていった。最初のうち指は、私が指にやってもらいたい動きの規定に従うことに苦痛を感じていたが、少しずつ障害を克服していった。最終的に、指は私の意志に従って自動的に動くようになった。それどころか私の意志を先読みし、私がまったく別のことについて考えているあいだも曲を演奏するようになった。

つまり指は、いくつかの規定に従って運動する習慣を身につけたのである。そして、ある曲が弾けるようになったときに最初に叩いた鍵などというものがないのと同様に、一連の規定の最初に立つ規定というものもない。毎日練習することで、諸規定がさまざまな仕方で結びつけられる。指は毎日、より容易に動くようになっていく。最後に指は、一連の規定された運動にいわば自動的に従うようになる。そのときには、規定に従おうとする努力も、規定に注意を向けることも必要なくなる。感覚器官がさまざまな習慣を身につけ、自動的に動くようになるのも、このようにしてである。そうして、感覚器官の運動を制御するために心が絶えず感覚器官を見張っている必要はなくなるのである。

脳も同様の習慣を身につける。そうした習慣が、記憶力の物理的ないし機会的原因であるところで、脳は第一の器官である。脳はすべてが統合される共通の中枢であり、脳からすべてが生まれるとさえ思われる。そこで、他の感官のことから脳について判断すると、身体のすべての習慣は脳まで伝わる、と結論するのが妥当である。また、脳を構成する線維は、柔軟性があるので、あらゆる種類の運動に対応でき、指が運動の習慣を獲得するのと同様に、一連の規定された運動に従う習慣を獲得する、と結論するのも妥当である。それゆえ、私にある対象を呼び戻させる脳の能力とは、その対象が感官を刺激したときに脳が動かされたのと同じ仕方で動く習慣を脳が獲得し、その対象がないときに脳が自分からやすやすと動くということ以外にありえない。

つまり、観念を保存して呼び戻すことの物理的ないし機会的原因は、感覚意識の主要な器官である脳が自らの習慣にした規定のなかにある。そうした規定は、感官がもはや関わっていないときにも存続するか、あるいは再生されるのである。仮に脳が、対象が不在のときにはその対象を見たり聞いたり触ったりしているときと同じ規定に従って運動することはないとすれば、我々は見たり聞いたり触ったりした対象について想起することはできなかっただろう。要するに、脳のメカニズムの作用は、感覚印象を感じているときも、かつて感じた感覚印象を単に思い出しているときも、同じ法則に従うのである。それゆえ記憶力とは、感覚することの一つのあり方に他ならないのである。

我々がある観念について考えていないときには、その観念はどこにも存在しない

私はしばしば以下のような質問を投げかけられた。「我々がある観念について考えるのをやめたとき、その観念は何になるのか。観念はどこに保存されているのか。どこからやってきて我々の心に現れるのか。我々がある観念について長いこと考えていないとき、その観念は心の中に存在しているのか、それとも体の中に存在しているのか」。

こうした質問や、それに対する形而上学者たちの回答を見ると、多くの人の考えでは、観念は他のものと同じように我々が備蓄しているものであり、記憶力は大きな倉庫のようなものであるらしい。そのように考えるのであれば、ある物体の形がどんどん変わっていったとき、その物体が取ったさまざまな形はすべて存在し続けていると考えて、以下のように質問してもよさそうなものである。「丸い物体が別の形になったとき、その丸さは何になるのか。丸さはどこに保存されているのか。その物体がふたたび丸くなったとき、その丸さはどこから来るのか」。

観念とは、感覚印象と同じように、心のあり方である。観念は、心がその観念に変形しているときにだけ存在している。心がその観念に変形するのをやめたとき、その観念はもはや存在しない。私が今まったく考えていない観念を心の中に探すのは、その観念がもはや存在しない場所を探すことである。だからといって体の中を探すのは、その観念がいまだかつて存在したことのない場所を探すことである。では、その観念はどこにあるのか。どこにもありはしないのだ。

観念はいかにして再生されるか

チェンバロが音を出すのをやめたとき音はどこにあるのか、と問うのは馬鹿げているだろう。そうした問いには、以下のように答えないだろうか。「音はどこにもない。指が鍵盤を叩き、かつてと同じように動いたとき、指は同じ音を作り出すのだ」。

　そこで私も、心が観念について考えるのをやめたとき、その観念はどこにも存在しない、と答えよう。ただ、その観念を再生するための特定の運動が改めて起こったとき、その観念は私の心の中に改めて描き出されるのだ。

　私は脳のメカニズムについては知らないけれども、脳のさまざまな部分は、かつて感官の作用によって動かされたのと同じ仕方で動く習慣を獲得し、感官からの作用がないときにも自分からやすやすと動くのだと判断できる。脳という器官の習慣は保存される。脳がそうした習慣に従って動くたびに、脳は同じ観念を改めて描き出す。その観念を感じたときと同じ運動が脳の中で改めて起こるからである。要するに、記憶力の中に観念があるというのは、指の中にチェンバロの曲があるというのと同じようなことだ。つまり脳は、他の感官と同様に、習慣となった規定に従ってやすやすと動くようになるのである。我々は、チェンバロが音を出すのとおおむね同じような仕方で感覚印象を感じる。人間の身体の外的器官はチェンバロの鍵のようなもので、鍵を刺激する対象は鍵盤の上の指のようなものである。人間の内的器官はチェンバロの本体のようなもので、感覚印象や観念は音のようなものである。記憶力とは、対象が感官に及ぼした作用によってかつて作られた観念が、脳が習慣化した運動によって再生されるときに出現するものである。


記憶力に関わるすべての現象は脳の習慣によって説明される

記憶力は、あるときはゆっくりと、またあるときは迅速に、あるときは秩序だって、またあるときは混乱した形でものごとを描き出すが、こうしたことが起こるのは、多数の観念を再生し分けるには、脳内における運動が非常に多数で多様であることが必要だからである。そうした多数かつ多様な運動のすべてが、どれも同じ容易さと厳密さで再生されるのは不可能である。

記憶力に関わるすべての現象は、脳の可動的で柔軟な部分が獲得した習慣にもとづいている。そうした脳の諸部分がなしうる運動はすべてお互いに関連づけられており、そうした運動が呼び戻す観念もすべてお互いに関連づけられている。

これは、鍵盤の上の指の運動がお互いに関連づけられており、奏者が聞かせたい曲の音がお互いに関連づけられているのと同様である。指がゆっくり動いたときには、曲はゆっくり奏でられる。指の運動が混乱したときには、曲もまた混乱する。ところで、チェンバロで習う曲は非常に多いので、指はそれらの曲すべてを同じようにやすやすと正確に演奏する習慣を保持できない。それと同様に、人が覚えておきたいものごとは非常に多いので、脳はそれらのすべてを同じようにやすやすと正確に描き出す習慣を保持できないのである。

上手な演奏家がたまたま手を鍵盤の上に置いたとき、鍵盤が出した最初の音が指の運動を規定して、指を動き続けさせる。指は一連の運動に従い、その運動が一連の音を生み出してメロディーやハーモニーが奏でられ、奏者自身が驚く、ということがしばしばある。奏者は努力なしに指を動かし、指に注意さえ向けていなかったかのようである。

我々の感官に対する対象の作用によって脳内に引き起こされた最初の運動が一連の運動を規定して一連の観念が描き出されるのも、そのようにしてである。我々が起きているあいだ、我々の感官は常に対象からの印象にさらされており、また絶え間なく脳に作用し続けている。そのことから、我々の記憶力もまた常に作動中だということが帰結する。脳は、常に感官からの刺激によって振動しているが、その場で直接受け取っている印象だけに従っているわけではない。脳は、そうした最初の印象が再生する運動にもいちいち従っているのである。脳は、ある運動から他の運動へと習慣に従って移っていき、感官の作用を抑えて、長い観念の系列を描き出していく。さらに脳はそれ以上のことさえする。つまり、脳はある鮮明さをもって感官に反作用し、かつて感官が脳に送った感覚印象を送り返す。そして我々は、見ていないものを見ていると思い込んでしまうのである。

つまり、指が一連の運動の習慣を保持し、ちょっとしたきっかけでかつて動いたのと同じ仕方で動き出すことができるのと同じように、脳もまた習慣を保持している。そこで脳は、ひとたび感官の作用によって刺激されると、慣れ親しんだ運動を自分で再生し、観念を呼び戻すのである。

しかし、こうした運動はいかにして実行されるのであろうか。いかにして脳はさまざまな規定に従うのであろうか。こうした問いについて深入りすることはできない。指が身につける習慣について問われてさえ、私には答えることができない。こうした主題について憶測して道に迷うようなことはしたくない。私としては、他の感官の習慣のことから脳の習慣について判断するだけで十分である。どのようなメカニズムかは分からないが、とにかく他の感官と同じメカニズムが観念を与え、保持し、再生するということを知るだけで満足しなくてはならない。

記憶力の座は脳だけでなく、観念を伝達するすべての器官にある

これまで見てきたように、記憶力の座は主に脳の中にある。しかし、それに加えて、感覚印象に関わるすべての器官の中にもあるように思われる。なぜなら、我々が観念を呼び戻す際の機会原因がある場所は、どこであれ記憶力の座となるに違いないからだ。感官がある観念を最初に我々に与えるには脳に作用することが必要だったことから考えると、その観念の記憶は、反対に脳の側から感官に作用するときにもっとも判明になると思われる。つまり、感官と脳の作用のやりとりは、現に感じている感覚印象を生み出すためにも、かつて感じた感覚の観念を引き起こすためにも必要なのである。それゆえ、たとえば、我々がある図形をもっともよく思い描くことができるのは、手が、かつて触覚に従って取ったのと同じ形をふたたび取るときなのだ。そうしたとき記憶力は、我々にいわば行動の言語[*34]で語りかけるのである。

楽器で演奏する曲についての記憶力の座は、指と耳と脳の中にある。指の中にあるというのは、指が一連の運動を習慣化するからである。耳の中にあるというのは、耳もまた耳なりに一連の運動を習慣化し、それによって指の運動を判断したり、必要に応じて指を指導したりするからである。脳の中にあるというのは、脳は指や耳の習慣に厳密に対応する形に次々と変化していく習慣を身につけるからである。

指が身につけた習慣については、誰でも容易に気づくことができるだろう。しかし、耳の習慣について同じように観察することはできないし、脳の習慣についてはなおさらである。しかし、耳や脳の習慣が実在することは類推によって示されるのである。

耳が言語を聞く習慣を獲得し、口が言語を話す習慣を獲得し、目が言語を読む習慣を獲得していなくては、脳はそれらに対応する習慣を獲得できず、人は言語を使えないだろう。つまり、ある言語についての記憶は脳の習慣の中だけにあるのではない。聴覚器官、発話器官、視覚器官の習慣の中にも存するのである。

夢についての説明

ここまでで確立した諸原理をもとにすれば、夢について説明するのは容易であろう。我々が眠っているときに抱く観念は、演奏家が放心して適当に指が動くに任せているときに奏でる曲と十分に類似しているからである。たしかに、指はこれまで学んできたことしかしない。しかし、これまでと同じ秩序でするのではない。指は、これまで練習してきた曲からさまざまな一節を抜き出し、それらをいっしょくたにつなぎ合わせる。

では、楽器を演奏する手の習慣について観察したことからの類推によって、脳の中で起こることについて判断してみよう。夢とは、主要な器官である脳が感官に作用した結果であることが結論される。身体の各部分が休息しているとき、脳が十分な活動性を保っていて、自らの習慣のうちのどれかに応じて働くことで、夢が生じるのである。脳は、我々がかつて感覚印象を感じたときに動いたのと同じ仕方で動くとき、感官に作用する。そうすると、我々はすぐさま何かを聞いたり見たりするのである。腕を失った人が、もはやない手があるように感じるのも、このようにしてである。しかし、そうしたときには通常、脳はものごとを非常に混乱した仕方で描き出す。なぜなら、習慣の作用は眠りによって妨害されており、習慣は多数の観念をあちこちから無理やり調達してくるからである。

記憶力が失われるのは、脳が習慣を失うからである

これまで、記憶力を作り出す習慣がどのようにして身につくのかを説明してきたので、いかにして習慣が失われるのかを理解することも容易である。

第一に、習慣が継続的に維持されなかった場合、あるいは少なくとも、頻繁に再生されなかった場合である。再生される機会が感官によって与えられなくなったとき、習慣はこうした運命をたどる。

第二に、習慣がある程度以上に増えすぎた場合である。そうしたとき、我々はいくつかの習慣を使わなくなる。我々は、たくさんの知識を獲得するにつれて、いくつかの知識を忘れてしまうものだ。

第三に、脳の不調が記憶力を弱めたり混乱させたりする。脳の不調が、ある習慣を構成す

る運動のうちのどれかに対して障害になる場合である。そうしたとき、いくつかのものごとは記憶としてまったく保持されなくなってしまう。脳の不調が脳の習慣のすべてを阻害したときには、なに一つ記憶として残らないことさえある。

第四の場合として、身体器官の麻痺が上記と同じ結果を生むことがある。脳の習慣がもはや感官の作用によって維持されないときには、そうした習慣は徐々に消えていかざるをえない。

最後に、老化が記憶力に打撃を与える場合である。指は老化すると柔軟性を失い、これまで慣れ親しんだ規定に従って動くことができなくなってしまう。脳の各部分も同じである。習慣は徐々に失われ、もはや弱い感覚印象しか残っていないが、それもまたすぐに消えていく。習慣を維持しているように見える運動自身も、じきに止まる運命にある。

結論

感覚能力の物理的で機会的な原理は、動物に植物的生命を与える運動が受け取る何らかの規定のうちにのみ存する。記憶力の原理は、習慣となった規定のうちに存する。類推を用いることで我々は、観察不可能な器官の中でも、他の器官について観察したのと似たことが起こると正当に推定できる。私は、自分の手がどのようなメカニズムで柔軟性と可動性を持ち、ある運動の習慣を身につけることができるのかは知らない。しかし私は、手が柔軟性と可動性を持ち、運動し、習慣を獲得するのを知っている。そして私は、同じことが脳や、脳とともに記憶力の座となっている諸器官の中にも見出されるだろうと推定する。

このように述べたところで、おそらく私は感覚能力や記憶力の物理的で機会的な原因についてきわめて不完全な観念しか持っていない。私は感覚能力や記憶力の第一原理について、まったく何も知らない。我々の中に何らかの運動があることは知っているが、どのような力がそうした運動を生み出すのかは理解できない。そうした運動がさまざまな規定を受け取りうることは知っているが、そうした規定を制御するメカニズムは発見できない。私の長所といえば、こうした闇に閉ざされた主題に対して我々が持っているほんのわずかな知識を、恣意的な仮説から救い出したことだけである。しかし、私が思うに、第一原因を観察できないようなものごとについて体系を作ろうとするときに物理学者がなすべきことは、これだけなのである。[10]

ルロワによる注

[7] Buffon, *Histoire Naturelle*, t. IV, pp. 3-168 所収 *Discours sur la Nature des Animaux* を参照。コンディヤックによるさらに詳しい批判は *Traité des Animaux*, Part. I, ch. III を参照。

[8] Descartes, *Traité de l'Homme*, *Dioptrique*, Discours IV, *Principes*, liv. IV, § 189 および Malebranche, *De la Recherche de la Vérité*, liv. I, ch. X, et liv. II, part. I, ch. II-VI を参照。

[9] ここで表明されている、観察が与える以上のことを憶測するような仮説に対する不信、諸事実間の関係を表現する法則の探求といった態度には、ニュートンが提示した理想の影響がみられる。

[10] コンディヤックの機会原因論については、*Essai sur l'Origin des Connoissances humaines*, Part. I,

sect. I, ch. I を参照。

訳注

*30 原語は cause physique. physique の語源はギリシア語のフュシス（自然）であり、さらにその語源を言えば「生まれる」という動詞からの派生である。それゆえ physique という語には、「自然的」と並んで「身体的」という意味がある。physique は「物理学」だが、同根の physiologie が「生理学」なのはそうした理由からである。ここでの cause physique も「身体の構造上の原因」というニュアンスである。

*31 「動物精気」とは、もともとは二世紀ごろのギリシアの医学者ガレノスが唱えたものだが、ここで言及されているのはデカルトが『人間論』（一六四八年）などで論じた理論。デカルトは人間の身体を機械仕掛けのものとして説明しようとした。神経は「動物精気」を通す管のようなもので、外的刺激を受けて放出された動物精気が神経を通って脳に至る。それは脳で筋肉に向かう神経に振り分けられ、筋肉が動物精気で満たされて膨張することで体が動く（デカルトは筋肉は収縮ではなく膨張によって力を出すと考えた）。当時、噴水設備に設置されていた水力機械（自動人形など）からの類推で考えたものである。

*32 「植物的生命」と訳した単語は végétation（名詞）、végéter（動詞）で、一見して明らかなように英語の vegetable（野菜、植物）と関連のある語だが、ラテン語の vegeto（活力がある）に由来し、要するに「生長する、繁茂する」ということである。

生物とは単なる物体ではなく「栄養を摂取して成長するもの」だと考え、栄養を摂取して生長するだけの、もっとも基礎的な生命のあり方をしている生物が植物、それに加えて運動し、感覚し、欲求を持つ生物が動物だと考えるのは、アリストテレスに由来する思想である（『魂について』第二巻など）。

また、生物を単なる物体ではない生物たらしめている「生命原理」を、神秘的な「霊魂」といったものではなく、自然法則に従って身体内部で進行する何らかの物理的な運動だと考える点に、一八世紀に盛んに論じられた生気論（vitalisme）の思想の影響がみられる。生命思想の流れについての詳細は拙著『ひとは生命をどのように理解してきたか』（講談社選書メチエ、二〇一一年）を参照されたい。

＊33　ここでコンディヤックが触覚や他の感官について言っていることは簡潔すぎてわかりにくいが、第一部第一章の訳注＊6で説明した『感覚論』での議論を繰り返しているのである。

＊34　原語は langage d'action. 第二部第二章で言語の起源として論じられる。「身振り言語」と訳した方が日本語としては自然かもしれないが、上記箇所で論じられるのは、「他人の行動を観察することでその行動の意図を読み取る」という話であって、身振りや手振りで意思疎通することではないので、ややぎこちないが「行動の言語」と訳す。

第二部　分析の手段と効果についての考察、すなわち、よくできた言語に還元された推論の技術

これまでの議論によって我々は、我々の持つすべての観念の起源と発生について知っている。同様に、心の持つすべての機能の起源と発生について知っている。また我々は、我々をそうした知識に導いてくれた分析が、新たな知識に導いてくれる唯一の方法であることを知っている。分析はまさしく精神の梃子《てこ》なのである。分析について研究しなければならない。

以下では、分析の手段と効果について考察しよう。

第一章　我々が自然から学んだ知識はいかにしてすべてが完全に結びついた体系をなすか。自然の教えを忘れたとき、我々はいかにして道に迷うか

自然は、我々の心身の諸機能の使い方を制御することで、いかにして我々に推論することを学ばせるか

先に見たように、「欲望」という言葉で我々が理解するのは、我々が必要とするものごと[*35]に対して心身の諸機能が差し向けられた方向ということである。つまり、満たすべき欲求があるからこそ、我々は欲望を抱くことができる。それゆえ、欲求と欲望は、我々のなすすべての研究の動機である。

我々の欲求とそれを満たすための手段は、我々の諸器官の構造において、およびその構造とものごとの関係において根拠を持つ。たとえば、私の身体構造のあり方が、私が必要とする食料の種類を規定する。他方、ある生産物の身体構造のあり方が、私がそれを食料として利用できるかどうかを規定する。

い。私はこうしたさまざまな身体構造について、まったく不完全な知識しか持つことができない。私はそれらの身体構造がそれ自身としてどのようなものなのかを知らない。しかし私は、私にとって絶対に必要なものごとの利用法についてなら、経験から学ぶことができる。私はそうしたものごとについて、快楽と苦痛をつうじて学ぶ。私はそうした学習を速やかに行う。それ以上のことを知ったとしても無益であり、自然の教えはその範囲に限られている。

我々は、自然が教える体系においてはすべての部分が完全にうまい具合に秩序づけられているのを見る。私の内側に欲求や欲望があるということは、私の外側にそれを満たすのに適した対象があるということであり、私はそれらについて知ったり楽しんだりするための機能を持っているということである。

そうした体系において、私の知識は少数の欲求と少数の利用すべきものごとの領域に自然に限定されている。しかし、私の持つ知識の数は限られているとはいえ、よく秩序づけられている。私はそうした知識を欲求の秩序に従って、また私とものごとの間の関係の秩序に従って獲得したからである。

つまり、そうした知識の領域において私は、私における自然を創造した神が私を作ったときに従った体系に対応する体系を見るのである。これは驚くほどのことではない。私の欲求と心身の諸機能が与えられると、私がなす研究や知識のあり方も与えられるからである。諸機能の体系においても知識の体系においても、同じように構成要素すべてが関係づけられている。私の身体器官や私が感じる感覚印象、私がなす判断やそれを確証したり訂正したりする経験は、両方の体系を私の自己保存のために形成する。私において形成される体系は、私の面倒を見るのに十分なだけの秩序をもって全体が配列されているように思われる。推論の仕方を学ぶ上で研究すべきは、こうした体系である。

身体構造が我々に与える諸機能や、身体構造が我々に行わせる諸機能の利用法について、いくら観察してもしすぎることはない。つまり、我々が身体構造だけに従ってなすことについて、いくら観察してもしすぎることはないのである。身体構造によるレッスンは、十全に活用できるなら、あらゆる論理学の中で最高のものになるはずである。

では、実際のところ、身体構造は何を教えてくれるだろうか。我々を傷つけるおそれのあるものを避け、我々に役立つ可能性のあるものを研究することである。しかし、そうしたことのために、存在の本質について判断することが必要だろうか。我々における自然を創造した神は、そんなことは求めていない。神は、自分が存在の本質を我々の手の届かないところに置いたのを知っておられる。神が我々に望むのは、ものごとが我々に対して持つ関係について判断することと、ものごと同士の間にある関係を判断することだけである。なお、我々がものごと同士の関係に関する知識を得るのは、それが我々にとって何らかの役に立つ場合に限られる。[11]

我々はそうした関係について判断するための手段を持っている。それは我々が持つ唯一の手段である。つまり、ある対象が我々に引き起こす感覚印象を観察することである。我々が知識の領域を広げることができるのは、感覚印象が及ぶ範囲までである。その範囲を超えて何かを発見することは、我々には禁じられている。

我々における自然、つまり我々の身体構造によって、欲求とものごとの間に秩序が立てられる。我々における自然は、そうした秩序を示すことで、我々がどうしても知らなければならない諸関係を学ぶときに従うべき秩序についても指し示している。欲求が強ければ強いほど、我々はこうした教えに素直に従い、自然が指示することを行う。そうしたとき、我々は秩序正しく観察する。自然は我々に早い時期から分析させるのである。

我々が、自然が与える少数の欲求を満たすための手段だけを研究し、それ以上のことをしない限り、最初の観察がうまく行われていた場合には、ものを利用してみることで、その観察がすぐに確証される。最初の観察がまずかった場合には、同じようにものを利用してみることで、今度はその観察がすぐさま覆《くつがえ》され、別の観察をすべきであることが示される。このように、我々はときには誤解に陥ることもあるが、研究の道に誤解はつきものである。しかし、この研究の道は真理への道であり、その道をたどって我々は真理へと至るのである。

諸関係を観察して判断し、新たな観察によってその判断を確証する。あるいは新たな観察によってその判断を訂正する。これこそが、自然が我々に行わせることである。我々にできるのは、新たな知識を獲得しようとするたびに繰り返しこれを行うことだけである。推論の技術とは、このようなものである。この技術は、我々にそれを教えてくれた自然と同様に単純なものである。[12]

我々はいかにして自然の教えを忘れ、悪しき習慣に従って推論するようになるか

このように考えると、我々は推論の技術について知りうる限りのことをすでに知っているはずだと思われる〔が実際はそうではない〕。もしも我々が、推論の技術を教えるのは自然であり、またそれができるのは自然だけであることを、これまで常に気づくことができていたのなら、実際にそのことは真実だったはずなのだが。そうした場合には、我々は自然が始めさせたとおりのことを継続してきただろうからだ。

しかし、我々がそのことに気づくのは、ずっと後になってからである。もっとはっきり言えば、我々は今日初めてそのことに気づくのだ。我々は初めて、自然の教えの中に、天才的な人たちに諸学問を創造する力を与えたり、学問の限界を押し広げる力を与えたりしてくれる分析の技巧を見るのである。

つまり我々は、自然の教えを忘れていたのだ。それゆえ、我々は知りたいものごとについて観察する代わりに、想像を巡らせることを望んだのである。我々は誤った仮定から誤った仮定に進み、大量の過ちの中で道に迷ってしまった。そうした過ちが先入観になったため、我々は誤った仮定を原理として立ててしまったのである。そうして我々はどんどん道に迷っていった。こうして我々は悪しき習慣を身につけてしまい、それに従って推論することしかできなくなった。言葉を乱用する技術が、我々にとっての推論の技術になってしまったのである。そんな技術は、恣意的で、くだらなく、滑稽で、愚かしい。制御されていない想像力

が生み出すすべての害悪がそこにある。

それゆえ、推論を学ぶには、こうした悪しき習慣を正すことが必要である。ここに、本来は容易なものであるはずの推論の技術が、今日こんなに難しいものになっている理由がある。我々は、自然に従うよりもむしろ喜んでこの悪しき習慣に従っているのだ。我々はこの習慣を「第二の自然」などと呼んで、我々が弱く、目も見えないことの言い訳にしているが、実際はこんなものは変質して堕落した自然なのだ。

先に指摘したように、習慣を身につけるには、それをやりつづけるだけでよい。習慣を消すには、それをやめるだけでよい。一見するといずれも同じくらい簡単なことのようだが、実際は同じではない。我々がある習慣を身につけたいと思うときには、事前にその良し悪しを考えるものである。他方、我々がある習慣を消したいと思うときには、良し悪しを考える前にすでに習慣が身についてしまっている。ところで、習慣がいわゆる第二の自然になってしまっているとき、それが悪いものだと気づくのはほとんど不可能である。この種のことを見抜くのはもっとも困難であり、ほとんどの人が気づかない。

人々が習慣についてあれこれ語るのは、精神の習慣についてのみである。身体の習慣が問題であるときには、誰でもうまく判断できる〔ので、あえて誰も話題にしない〕からである。身体の習慣が有益か有害かを学ぶには、経験だけで十分である。有益でも有害でもない習慣については、慣習がそれを好きなように作るのであり、我々は慣習に即してそうした習慣の良し悪しを判断する。

残念ながら、心の習慣は、こうした場合と同様に、慣習の気まぐれに従っている。慣習が懐疑や検証を受け入れることはなさそうである。そして悪しき習慣は、精神が自分自身を反省することを怠り、自分自身の欠点を見ることを嫌がれば嫌がるほど、周りに伝染していく。みんなと同じように考えないのを恥ずかしがる人がいる。自分だけで考えようとすると疲れきってしまう人もいる。他人とは違ったことを考えようという野望を持つ人はたいてい、さらに悪い考え方をする。そういう人は、他人と違うことを考えようとしているのに、他人が自分と違うことを考えるのに我慢できない、という自己矛盾を犯すものである。

悪しき習慣のせいで我々が犯す過ち

人間精神の悪しき習慣について知りたければ、人々の間に流布しているさまざまな主義主張を観察すればよい。誤った観念、自己矛盾する観念、愚かしい観念を見よ。迷信がそうした観念を世の中の隅々までまき散らしたのだ。真理よりも誤りを尊重する人々の情熱を見て、そうさせる習慣の力の強さを判断せよ。

ある民族が生まれてから衰退するまでのことを考えてみれば、先入観は無秩序に増大することが分かるだろう。啓蒙の世紀と言われるこの時代においてさえ、理性の光がほとんど見られないことに驚かされるだろう。なんとひどい法体系ばかりであることか。なんとひどい統治体制、なんとひどい法律学。良い法律を持った民族はなんと少ないことか。長持ちした良い法律はなんと少ないことか。

要するに、ギリシア人からローマ人へ、さらに彼らを受け継いだ人々へと、その哲学的精神を観察すれば、時代から時代へ伝達されてきた主義主張において、思考を制御する技術がまるまる何世紀もの間ほとんど知られていなかったことが分かるだろう。そして、知識の限界を押し広げた天才的な人たちのあとに我々が登場したことを考えるなら、思考の技術について我々がいまだに無知であるのは驚くべきことだろう。これは学派というものの一般的性質である。それぞれの学派は、他の主義主張を排除して支配的な地位につこうとする野望を持っているが、真理の探求に専念することはまれである。それぞれの学派がとりわけ望むのは、他と違ったことを主張することである。くだらない問いをいじくりまわし、理解不能なジャーゴンを語り、観察はほとんどせず、自然を解釈すると称して自分たちの夢想を押し付ける。結局のところ彼らは、他の学派と非難の応酬をすることと新たな賛同者を作ることだけに没頭し、そのためにはどんな手段でも用いる。流布させたいと思っている主義主張のためにすべてを犠牲にする。

こうした多数の怪物じみた体系の中にあっては、真理を見分けることは難しい。そうした体系は、それを生み出した原因によって維持されている。つまり、迷信によって、統治体制によって、悪しき哲学によって維持されているのである。お互いに固く結び付きあっている誤りが、お互いを守りあう。そのうちのどれか一つと闘っても無駄である。すべての誤りを一度に破壊しなければならない。つまり、人間精神の習慣をすべて一挙に作り変えなければならないのである。しかし、こうした習慣は非常に根強い。情念が我々の目をふさぎ、悪しき習慣を維持する。たまに目を開くことができる人間もいるが、彼らは弱すぎて何も正せない。力のある者は乱用と先入観が持続することを望む。

考える機能に秩序をもたらす唯一の手段

こうしたすべての誤りから考えるに、我々は真理だとされている間違った判断と同じ数の悪しき習慣を持っていると思われる。そして、それらはすべて同じ起源を持っている。つまり、ある言葉の意味を規定する前に、あるいはそれを規定する欲求を感じることさえなしに、その言葉を使う習慣に由来するのである。我々は何も観察しない。我々は観察がどれほど必要なのかを知らない。我々は、自分が下した判断について理解しないまま、性急に判断する。中身のない言葉を言葉だけ覚えて、知識を獲得したと信じ込む。幼児期には他人に従って考えるから、他人が持っている先入観をすべて取り入れるのである。そして、ある程度の年齢に達しても、自分自身で考えるようになったと信じながら、我々は相変わらず他人に従って考え続けている。他人から与えられた先入観に従って考えているからである。こうして、精神が進歩したと思われれば思われるほど精神は道に迷い、世代から世代へと誤りが重ねられていくのである。ことここに至ると、考える機能に秩序を取り戻すための手段は一つしかない。すなわち、我々が学んだことをすべて忘れ、我々の持つ観念を起源に置きなおしてその発生をたどり、ベーコンが言うように、人間知性を作り直すことである。

こうした手段は、自分には学があると思っている人ほど困難である。諸学問が非常に鮮明に、正確に、秩序をもって扱われているような書物があったとしても、誰もが同じように理解できるわけではない。たくさん勉強してきた人たちよりも、むしろまったく学のない人たちの方が、そうした書物をよく理解できるだろう。とりわけ理解が劣るのは、諸学問についていろいろ書き散らしてきたような人々である。そういう連中こそ、そうした書物を読む必要があるのに、読むことさえほとんど不可能だろう。よい論理学が精神を変革するとしても、非常にゆっくりとなのである。時間だけが、いつの日か、よい論理学の有効性を精神に知らしめることができるのかもしれない。

こうしたことから、悪しき教育がもたらす影響についても分かる。そうした教育が悪いのは、自然に反しているからである。幼児は欲求のおかげで、観察者および分析者として規定される。幼児は、生まれながらの心身の諸機能において、観察者にも分析者にもなるために必要なものを持っている。自然だけが幼児を導いている限り、幼児がそうなるのはいわば必然なのである。しかし、我々が幼児を自分たちで導こうとしはじめるや否や、彼らに一切の観察や分析を禁じてしまう。我々は、自分が幼児とともに推論するすべを知らないからといって、幼児は推論などしないと決め込んでいる。幼児は物心がつくと我々の助けなしで考えはじめるが、我々はその時期を力の限り遅らせている。そして、その時期が来ると、幼児に我々の主義主張や先入観や誤りのみにもとづいてものごとを判断するよう強いるのである。それゆえ、幼児が精神を失うこと、あるいは誤った精神を身につけることは必然である。もし幼児のうちの誰かが頭角を現すなら、その幼児の身体構造が十分なエネルギーを持っており、我々が彼らの才能の発展に課した障害を遅かれ早かれ打ち破ったということである。他の子どもたちは、我々が根っこまでダメにした植物のようなもので、不毛なまま枯れていくのである。

ルロワによる注

〔11〕デカルト哲学におけるテーマの一つで、マルブランシュが展開した。
〔12〕ニュートン哲学におけるテーマの一つで、コンディヤックが展開した。

訳注

＊35　第一部第八章の「欲望」についての説明では、「欲求を感じる（sentir le besoin）対象」と書かれていたが、ここでは「必要とする（avoir besoin）対象」となっている。

第二章　いかにして行動の言語が思考を分析するか

我々は言語という手段によってのみ分析することができる

我々が推論するには、自然によって与えられたか指示された手段を用いるしかない。それゆえ我々は、そうした手段について観察し、そうした手段が正確なのはどういう場合か、そうした手段がいつも正確なわけでないのはなぜかを発見するよう努めなくてはならない。

先に見たように、我々の誤りの原因は、意味を規定していない言葉を用いてものごとを判断する習慣にある。また、第一部で見たように、どんな種類の観念を作るためにも言葉が絶対に必要である。さらに、すぐあとで論じるが、抽象的で一般的な観念は名称[*36]にすぎない。これらのことから明らかなように、我々は言葉の助けがなければ考えることができないのである。また、これらのことから、推論の技術は諸言語とともに始まったということも十分ご理解いただけるだろう。そして推論の技術は、言語が進歩した範囲内でしか進歩できなかったのである。結果として言語は、我々が正しく分析するにしても間違って分析するにしても、いずれにせよ分析するために我々が持ちうる手段をすべて含んでいるに違いない。それゆえ言語を観察しなくてはならない。とくに、言語が生まれたときにどのようなものだったかを知りたいと思うなら、行動の言語[*37]を観察しなくてはならない。諸言語は行動の言語をもとにして作られたのである。そこが我々の始める地点である。[13]

行動の言語の諸要素は生得的である

行動の言語の諸要素は人間とともに生まれた。その要素とは、我々における自然の創造者である神が我々に与えた身体器官のことである。それゆえ、生得的な観念というものはないにしても、生得的な言語はあるのだ。実際のところ、何らかの言語の要素が観念に先立ってあらかじめ用意されていたに違いない。なぜなら、もしもなんらかの種類の記号がなかったなら、我々は自分の思考を分析できず、自分が考えていることを自分で理解することはできなかったはずだからである。つまり、記号なしでは自分の思考を判明な仕方で見ることはできなかったはずなのだ。〔現実に我々がある程度、自分の思考を理解してきたからには、何らかの記号があったはずだ。〕

また、我々の外的な身体構造は、心の中で起こることをすべて表象するように作られている。我々の身体構造は、我々の感覚意識〔快不快の感情〕や判断の表現[*38]だから、身体が話すとき、何かが隠されることはありえない。

なぜ行動の言語において当初はすべてが混乱しているのか

行動は本来、分析するためのものではない。行動は単に感覚意識の結果だからそれを表象するのであって、我々が同時に感じるものすべてを一度に表象する。それゆえ我々の思考の中で同時に現れた観念は、自然に行動の言語においても同時に現れるのである。

しかし、同時に現れた多数の観念が判明なものになるのは、我々がそれらを一つ一つ順番に観察することを習慣化するからである。我々が観念を素早く容易に見分ける能力を持つのはこの習慣のおかげであり、こうした習慣を身につけていない人は我々の能力を見て驚く。たとえるなら、どうして音楽家は和音の中から同時に聞こえるすべてのパートを聞き分けるのか。それは音楽家の耳が音を観察して聞き分ける訓練を重ねてきたからである。

人間は感覚するや否や行動の言語を話すようになるが、そのときは、自分の思考を伝達しようという意図を持たないまま話すのである。人が自分の思考を他人に理解させるために話そうという意図を持つのは、他人が自分の思考を理解したことに気づいたときである。しかし、初めのうちは、まだ何も観察していないので、何の意図も持たないのである。

そうしたとき、彼らの話す言語は、彼ら自身にとってもまったく混乱したものである。彼らが自分の思考を分析することを学ばない限り、彼らはその言語の中に含まれるものを何も見分けないだろう。

しかし、彼らの言語はまったく混乱したものであるとはいえ、そこには彼らの感じたことがすべて含まれている。つまり、彼らが自分の思考を分析できるようになったときに見分けるであろうものがすべて含まれている。すなわち、欲望、恐怖、判断、推論など、心がなしうるすべての働きが含まれているのである。いくら分析しても、はじめから含まれていないものは発見できない。以下では、行動の言語を話しはじめた人間が、すべてのものごとの分析を自然から学ぶさまを見ていくことにしよう。

それから行動の言語はいかにして分析的方法になるか

人間にとってお互いに助けあうことが必要である。それゆえ、各人にとって自分を理解してもらうことが必要であり、その結果として自分自身を理解することも必要になる。最初、彼らは自然に従っている。そして、先に見たように、彼らは意図することなしに、感じたことをすべて同時に話す。彼らの行動にとって、そのように話すのが自然だからである。とはいうものの、目を使ってそうした行動の言語を聞く側が、相手の運動を一つ一つ順番に観察することで相手の行動を分解しないなら、そうした言語が理解されることはない。しかし、聞き手にとって相手の行動を分解するのは自然である。それゆえ聞き手は、分解しようという意図を持つ前に分解するのである。なぜなら、聞き手は相手の運動をすべて同時に見るとしても、最初に一目見たときには、彼の目をいちばん強く刺激するものだけに視線を向けるからである。二度目に見たときには、次に刺激の強いものに視線を向ける。三度目も同様である。そうして聞き手は相手の運動を順番に観察し、運動の分析が達成されるのである。

こうして各人は、遅かれ早かれ、相手の行動を分解したときほど相手のことをよく理解できることはないということに気づくだろう。その結果、相手に自分を理解してもらうには、自分の行動を分解する必要があることにも気づくだろう。そうして人は徐々に、もともとは自然に従って同時に行っていたいくつかの運動を、一つ一つ順番に、繰り返し行う習慣を身につけるだろう。そうして行動の言語は自然に、彼にとって分析的方法になっていく。私はここで「方法」と言った。なぜなら、このとき順番に行われる運動は、恣意的になされるのでも不規則になされるのでもないからである。行動は欲求の結果として、また人を取り巻く状況の結果としてなされるのだから、欲求や状況が与える秩序に従って分析されるのが自然なのである。こうした秩序は、さまざまに変化しうるし、また実際に変化するが、だからといって恣意的になることは決してない。たとえば絵画について、主題と状況が与えられたときには、絵の中での人物の位置やその行動、性格などが規定されてしまうのと同様である。

人は、自分の行動を分解することで自分の思考を分解するが、そうした分解は他人のためだけでなく自分のためにもなる。彼は自分の思考を分析する。そうして他人に自分のことを理解してもらうが、それができるのは自分自身を理解しているからである。

行動全体は思考全体の絵であり、行動の諸部分はそれぞれ思考の一部分をなす観念の絵である。それゆえ、人が行動の諸部分をさらに分解するなら、そうした行動が記号になっている部分的な観念も同時に分解することになる。そうして人は新しい判明な観念を次々と作ることになる。

こうした手段は、人が自分の思考を分析するために持つ唯一の手段であり、こうした手段に従うことで、人は自分の思考のもっとも微細な細部に至るまで明らかにすることができる。最初の言語記号が与えられると、類推に従うだけで、他のすべての記号が与えられるからである。

それゆえ、行動の言語が表現できない観念はない。我々が一連の記号を新たに選んでいくとき、新たな記号と先立つ記号の間の類比関係が順番にはっきり示されていくのであれば、行動の言語は新たな観念を明晰で正確に表現していくのである。完全に恣意的な記号は理解不能である。記号の間に類似性がなければ、既知の記号の意味を理解しても、新たな未知の記号の意味の理解にはつながらないからである。それゆえ、言語におけるすべての技巧を作るのは類推[*39]である。言語において類比関係がはっきり示されればされるほど、言語は容易で明晰で正確になる。

先ほど「生得的な観念というものはないにしても、生得的な言語はある」と述べた。この真理はこれまで把握されることがなかったかもしれないが、観察によってこの真理を追跡し説明することで証明される。

私が言う生得的言語とは、我々の身体構造からの自然で直接的な帰結であるために、我々が学習せずとも持っている言語のことである。その言語は、我々が感じたことをすべて同時に語る。つまり、それは分析的方法ではないし、我々の感覚印象を分解することもない。それゆえ、その言語は、感覚印象が含んでいるものを我々に気づかせてくれないし、観念も与えてくれない。

その言語は分析的方法になったとき、感覚印象を分解し、観念を与えてくれる。しかし、それを方法として用いることは学ばれるものであり、そうした観点から言えば、それは生得的ではない。

他方、観念については、いかなる観点から考察しようとも、観念が生得的ということはありえない。すべての観念が我々の感覚印象に含まれているというのは真実だが、我々が観念を観察するすべを知らなかったとしても我々にとって観念が感覚印象の中にあるというのは真実ではない[*40]。それゆえ、賢者と無知な者とでは、身体組織は同じであるにもかかわらず、持っている観念が違ってくるのである。両者とも、感覚する仕方はよく似ている。両者とも、生まれたときには同じ感覚印象を持っており、また同じように無知である。しかし、賢者は無知な者よりたくさん分析したのである。観念を与えるのは分析であり、分析自身が学習されるものなのだから、観念は後天的に獲得される。それゆえ、生得的な観念は存在しないのである。

要するに、以下のように考えるのは、誤った推論である。「この観念は感覚印象の中にある。それゆえ、我々はこの観念を持っている」。しかし、多くの人はこのような推論を飽きずに繰り返している。諸言語はいずれも分析的方法であることに誰も気づかないので、分析は言語によってのみできるということにも気づかず、知識がすべて言語によっていることも知らないのである。こうして多くの著述家の形而上学は、他の人にとってはもちろん、彼ら自身にとっても理解不能なジャーゴンになっているのである。

ルロワによる注

[13]　以下の記述については *Essai sur l'Origin des Connoissances humaines*, Part. II, sect. I, ch. I を参照。

訳注

＊36　原語は dénomination. 第二部第五章を参照。

＊37　第一部第九章の訳注＊34を参照。

＊38　原語は expression. ラテン語の ex-primo（外に‐押す）が語源であり、要するに「心の中に入っているものを外に押し出す」という語感である。

＊39　ここで「類推」と訳したのも「類比関係」と訳したのも、原語は analogie である。推論の技術としては「類推」と訳した方が分かりやすいだろうが、コンディヤックは、推論するときに見て取るべき対象における類比関係もまた analogie と書いている。つまり、対象における analogie を正確に見て取ることが推論における analogie なのである。

なお、言語学において「類推」とは、ある語が変化するとき、それと似た他の語から影響を受ける現象を指す。たとえば近年、「食べられる」を「食べれる」と言う人が増えているが、これは「行く」に対する「行ける」、「しゃべる」に対する「しゃべれる」など、五段活用動詞には対応する可能動詞が存在することからの類推による変化である。コンディヤックは、こうした類推による新たな語の設定を意図的かつ積極的に活用することで言語を見通しのよいものにしようという構想を立てているのである。

＊40　第一部第二章の「城の窓から見る田園風景」の話のところでも同様のことが言われていた。こうした議論を展開するときにコンディヤックが考えているのは、「観念とは感覚印象の中の気づかれたもののことだ」ということである。しかし、先ほど「はじめから含まれていないものは発見できない」と言ってい

たように、気づかれるか気づかれないかにかかわらず、すべての感覚印象は初めから心の中にあるとも考えているようだ。

では、気づかれない感覚印象ないし観念は、気づかれていないときにはどうなっているのか？　コンディヤックは無造作に「我々にとっては存在しない」と言っているが、彼の定義ではそもそも感覚印象は我々の心の変容なのだから、「我々にとって存在しない」なら、どこにも存在しないことになる。

他方、第一部第三章では、観念は「感覚的な対象を表象するものと考えられた感覚印象」と定義されていた。しかし、ある感覚印象に気づくことが、それがある対象の表象であると気づくことでもあるとは考えにくい。コンディヤックは、さらに第二部第五章で、一般観念とは個物の共通点に付けられた名前である、と主張している。こうした主張はウィリアム・オッカム（一二八五―一三四七年）のいわゆる唯名論の流れをくむものである。

「観念」とは、コンディヤックのみならず、デカルト以降の近代哲学全般におけるキーワードだが、具体的にそれが何であるかというと、ここで概観したとおり、実はかなりあいまいである。

私としては、感覚印象を観念と見なすのはやめて、すべての観念は一般観念だと考えることで、近代哲学におけるさまざまな混乱が解消できると考えている。ここでのコンディヤックの議論に即して言えば、「感覚印象として個別的なものが単に見えている」ことと、「それがなんだか分かる＝すでに知っているそれ以外のものとの類似性を見て取る」ことは別だと整理することで、「観念は感覚印象の中から見出されるにもかかわらず、初めからあるのではない」というコンディヤックの主張を整合的に理解できる。我々は感覚印象を単に受け取るしかないが、そこで見えているものを他のものと比較したり名前を付けたりするのは我々の思考の側の能動的な働きである。感覚印象は人間の側の意識によっては変更できないが、一般観念の設定については人間の側の自由や創造性が関与する余地があるということである。さらに詳細な検討は、拙著『コンディヤックの思想』（勁草書房、二〇〇二年）や『人間科学の哲学』（勁草書房、二〇〇五年）を参照されたい。

第三章　いかにして言語は分析的方法になるか。この方法の不完全性

諸言語はいずれも分析的方法である

行動の言語が分析的方法であることを理解さえすれば、さまざまな言語がいずれも分析的方法であることも容易に理解できるだろう。行動の言語がなければ人間は自分の思考を分析できない状態だったということを理解すれば、人間が行動の言語を話すのをやめたとき、分節音による言語を代わりに用いなかったら思考を分析することはできなくなっていたに違いないということもお分かりいただけるだろう。分析は記号によってのみ行われ、また行われうるのである。

加えて気づいておくべきは、分析が、最初は行動の言語における記号によって行われたのでなければ、我々の言語における分節音によって行われたはずがないということである。実際のところ、ある観念が行動の言語によってあらかじめ示されていなかったなら、いかにして〔音声による〕言葉がその観念の記号になることができたというのか。そして、行動の言語がその観念を示すことができたのは、我々がその観念を他の観念から切り離して観察した

からこそではないか。

言語は、他の人間の発明品と同様に、人がそれをなそうという意図を持つ前に始められた

人間は、自分が自然だけに従って行ったことについて経験が気づかせてくれない限り、自分に何ができるかを知らない。それゆえ、人間が意図的に行えるのは、以前に意図を持たずに行ったことだけなのである。私は、この観察はいつでも確認されると思う。また、人々がこの観察を忘れていなかったら、現在行っている以上によく推論できたはずだと思う。

人は、自分が分析を行ったことを観察したあとで初めて、分析しようと思った。他人が行動の言語を理解したことを観察したあとで初めて、他人に理解してもらうためにそれを話そうと思った。同様に人は、自分が分節音を使って話すのを観察したあとで初めて、それを使って話そうと思うのだろう。つまり、これらの言語は、人がそれを作ろうという意図を持つ前に始められたのである。同様に、人が詩人や雄弁家になったのは、それになろうと思う前である。要するに、人が何かになったのは、自然によってあらかじめそれになっていた場合だけなのである。そして、人がそれになるための勉強をしたのは、自然に従って行っていたことを観察したときであった。自然がすべてを始めたのである。そして、自然はいつもうまくやった。これは、何度繰り返しても繰り返しすぎることのない真理である。

言語はいかにして厳密な方法になったか

人が、第一の必需品に対する欲求に関係するものごとについてだけ話していたときには、言語は厳密な方法だった。そうしたときには、ありそうもないことを誤って前提にして分析した場合、経験がその誤りに必ず気づかせてくれたからである。それゆえ、人は誤りを正し、よりよく話した。

実を言えば、そうした言語の及ぶ範囲は非常に限られていた。しかし、範囲が限られているから出来の悪い言語だったなどと考えてはならない。我々の言語の方がそれより出来が悪いということもありうる。というのも、言語が厳密でなくなるのは、多数の事柄を混乱した仕方で話すためだからである。明晰な仕方で話しているのなら、話している事柄の数が少ないからといって言語が厳密でなくなることはない。

もし人が言語を改善したいと思い、始めたときと同じことを継続できていたなら、人は、よくできた分析が実際に新しい観念を与えたときにだけ、類推に従って新しい言葉を探したことだろう。そうすれば、言語は厳密なままで、その範囲を広げていっただろう。

言語はいかにして欠陥のある方法になったか

しかし、なかなかこのようにうまくはいかなかった。人は自分が分析していることを知らずに分析してきたので、厳密な観念を持つことができるのはひとえに分析のおかげであることに気づかなかった。それゆえ、人は分析という方法の重要性をまったく知ることがなく、分析への欲求をあまり感じなくなるのにしたがって、あまり分析をしなくなってしまったのである。

一方で人は、第一の必需品に対する欲求が確実に満たされたとき、より必要性の低いものについて欲求を持つようになった。それから、さらに必要性の低いものを欲求し、純粋な好奇心を満たしたい欲求から主義主張を展開したい欲求へ、ついにはまったく無益な欲求へとだんだん進んでいった。まったく、どれが一番くだらない欲求なのか分からない。

こうなると、人は日に日に分析の必要性を感じなくなっていった。単に話したいという欲望だけを感じるに至ったとき、話したい内容についての観念を持つ前に話した。もはや、判断が自然に経験の試験にさらされる時代ではなくなってしまった。人は、自分が判断したものごとが本当に自分の考えたとおりであるかどうかを確認することへの関心さえ持たなくなった。こうして、人々の習慣になった判断が、もはや疑われることのない主義主張になってったのである。そして、確認することなしに、そうであるとただ信じることを好むようになった。こうした誤解は頻繁に起こったに違いない。なぜなら、人々は自分の判断したものごとについて観察しなくなったからである。そうしたものごとが、そもそも観察されるはずもないものだったこともしばしばである。

こうなると、最初の誤った判断が次の誤った判断をもたらし、すぐに人は無数の誤った判断をなしていった。人が首尾一貫しているからこそ、類推によって誤りから誤りへと導かれていったのである。

こうしたことは哲学者においてさえ起こった。哲学者が分析について学んだのは、そう遠い昔のことではない。彼らが分析を使いこなせるのは、いまのところ数学や物理学や化学においてのみである。[*41] 少なくとも私の知る限り、あらゆる種類の観念について分析を適用できる哲学者はいない。なにしろ、哲学者たちの誰一人として、諸言語をそれぞれ分析的方法として考察しようとは思い至らなかったのである。

こうして言語は欠陥だらけの方法になってしまった。そうしているうちに、交易が人々を近づけ、農産物や工業製品だけでなく、主義主張や先入観もいわば交換するようになった。言語は混乱し、類推は言葉の意味を理解する際に精神を導いてくれなくなった。推論の技術は忘れられたようである。もはや推論の技術を学ぶことは不可能になった、と言う人もいるかもしれない。

しかし、人々は最初、自分たちの自然のおかげで発見の道に置かれていたのだから、その後も何度かは発見の道を偶然再び見つけ出すことができたはずである。とはいえ、人は発見の道について研究しなかったので、それを再び見つけ出したのも知らず知らずのうちにであった。そうして人は改めて道に迷ったのである。

人々が、諸言語はいずれも分析的方法であることに気づいてさえいたら、推論の技術の諸規則を見出すのは困難でなかったはずである

こうして何世紀もの間、人々は推論の技術の諸規則を発見しようとして無駄な努力を重ねてきたのである。人々は、それをどこから取り出せばよいのか分からなかったので、論証のプロセスにそれを求めた。しかし、論証のプロセスの中には言語の悪しき部分がそのまますべて含まれている。

これまで述べてきたように、推論の技術の諸規則を見出す手段は一つしかない。それは、我々がものごとを理解する仕方を観察し、自然が我々に与えてくれた心身の諸機能において、その理解の仕方を研究することであった。また、実は言語は分析的方法に他ならないということに気づかねばならない。言語は、今日ではすっかり欠陥だらけの方法になっているが、かつては厳密な方法だったのであり、再び厳密な方法になりうるのである。しかし人々は、言語が分析的方法であるのを見抜かなかった。なぜなら、我々があらゆる種類の観念を形成するために言葉がいかに必要なものであるかに気づかなかったので、言語の利点は思考を伝達する手段という点にしかないと信じ込んでしまったからである。加えて、文法学者や哲学者にとって言語は多くの点で恣意的なもののように思われたので、彼らのなかには、言語の規則とは慣用の気まぐれでしかないとか、だから言語には規則などまったくない場合もあると考えた者さえいる。ところで、方法たるものすべて規則を持っているし、持つべきである。〔それゆえ彼らは、言語は学問的な方法ではないと考えた。〕諸言語はいずれも分析的方法だと考えた人が現在に至るまで一人もいなかったとしても、驚くにはあたらない（*Cours d'Études, Gramm., les huit premiers chapitres de la première Partie*）。

訳注

＊41　哲学者が数学や物理学や化学を研究するというのは奇異に思われるかもしれないが、第一部第四章の訳注＊17で述べたとおり一八世紀には、現代なら自然科学と呼ばれるであろう研究が「自然哲学」と呼ばれていた。数学や物理学や化学を研究する人たちは、それぞれの分野の専門家（科学者）ではなく、総合的に自然全体を研究する「自然哲学者」だったのである。

第四章　言語の影響について

言語が我々の知識や主義主張、先入観を作る

諸言語は我々がそれを分析するにつれて形成されていき、いずれの言語も分析的方法になった。そのことから分かるとおり、言語のおかげで身についた習慣に従って考えるのが我々にとって自然なのである。我々は言語によって考える。言語は我々の判断の規則だから、言語が我々の知識や主義主張、先入観を作る。要するに言語は、判断というジャンルに属するすべての良いことと悪いことをなすのである。言語の影響はこのようなものであり、それ以外ではありえない。

言語は不完全な方法なので、ときに我々を道に迷わせる。しかし、少なくともそれは方法なので、あらゆる観点から見て不完全ということはなく、時々は我々を正しく導いてくれる。誰であれ、自分の言語において身につけた習慣の助けのみによって、何らかの正しい推論ができるものである。我々が推論を始めたばかりのときでさえ、そうである。それゆえ、無学な人が、たくさん勉強してきた人より巧みに推論するということがしばしば見られるのである。

学問上の言語が、もっともよくできた言語というわけではない

哲学者が言語の形成を取り仕切っていたらよかったのに、と思っている人がいる。また、哲学者が言語を作っていればもっとよい言語ができたはずだ、と信じている人もいる。きっとそれは、我々が知っている哲学者とは別の哲学者のことなのだろう。数学において人が正確に話すというのは真実である。代数学は天才の作品であり、悪く作りようがなかった言語だからである。また、物理学や化学の一部分が、ごく少数の、よく観察できる卓越した精神の持ち主によって、数学と同じ正確さで論じられたというのも真実である。それ以外については、私が見るところ、学問上の言語には何らの優位点もない。学問上の言語にも他の言語と同様の欠陥があり、ときにその欠陥は他の言語より大きい。学者も他の人と同じくらい頻繁に学問上の言語を使って何の意味もないことを話す。さらによくあることだが、学者は馬鹿げたことを言うためだけに学問上の言語を話す。一般的に言って、学者は自分の言っていることを他人に理解してもらおうという意図を持って学問上の言語を話しているようには見えない。

最初の通俗言語が最も推論に適した言語であった

私が推定するところでは、最初の通俗言語が最も推論に適した言語であった。なぜなら、自然がそうした言語の形成を取り仕切り、自然は少なくとも最初はうまくやったからであ

る。そうした言語においては、観念や心の諸機能の発生がはっきり見て取れたはずである。つまり、そうした言語では、ある言葉の最初の意味が知られると、他のすべての意味も類推によって与えられたのである。ある観念の意味が分からなくなったときも、その観念を示す名前を見れば、その名前のうちに、その観念のもとになった感覚的な観念の名前が見出された。つまり、当時の人々は、そうした名前を、意味が分からなくなった観念に固有の名前と見たのではなく、そうした観念の起源を示す比喩的表現と見たのである。たとえば彼らは、「実体（substance）」という言葉に「下にあるもの」以外の意味があるか、などと問うたりはしなかった。また、「思考（pensée）」という言葉に「重さを量る（peser）」、「天秤で量る（balancer）」、「比較する（compare）」以外の意味があるか、などと問うこともなかった。[*42] つまり彼らは、今日の形而上学者たちが論じるような問いなど、思いつきもしなかったのである。言語自体がそうした問いの答えをあらかじめ用意しているので、そうした問いが出されることなどありえなかったし、ましてや彼らが悪しき形而上学を持つことなどなかったのである。

よい形而上学は、言語以前に始まっていた。諸言語がほかにもよいものを手に入れたのは、そうした形而上学のおかげだった。しかし、最初の形而上学は、学問というよりむしろ本能であった。自然が人々を知らず知らずのうちに導いたのである。形而上学が学問になったのは、それがもはやよいものでなくなったときである。

言語に無秩序を持ち込んだ張本人は、哲学者である

言語を作った民族が、他の民族から何も借用することなく技術や学問を発展させてきたのなら、言語は優れたものになっていただろう。もしそうしていれば、言葉どうしの類比関係のおかげで、知識の進歩がその言語自身の中にはっきり見て取れただろうから、他のところに知識の進歩の歴史を探し求める必要はなかったはずである。そうした言語が、そしてそうした言語のみが、真に学問的な言語である。しかし、諸言語がお互いに言葉を借りあって、それぞれの言語が外国語の寄せ集めになってしまうと、言語はすべてを混同してしまう。類比関係が失われ、ある言葉の複数の意味の中に、知識の起源と発生を見て取ることができなくなる。我々はもはや正確な論証ができなくなり、正確さに注意を払おうとしなくなる。行き当たりばったりに問いを発し、行き当たりばったりに答える。絶えず言葉を乱用し、どんなに奇妙な主義主張であっても賛同者を得てしまう。

ものごとをここまで無秩序にした張本人は、哲学者である。哲学者はあらゆることについて語ろうとしたが、そうすればそうするほど悪い話し方をした。彼らは、たまたまみんなと同じように考えたときにも、自分独自の思考法があるように見せかけようとし、そうすればそうするほど悪い話し方をした。難解で特異で妄想的で理解不能なことを語りながら、彼らは自分の言っていることがまだ十分あいまいでないのを気にしたのか、彼らが正しい知識だと称するものに覆いをかけることに熱中した。こうして哲学者の言語は、何世紀ものうちに、意味不明のジャーゴンになってしまったのである。

最終的に、そうしたジャーゴンは学問から追放された。追放されたと言ったが、ジャーゴン自体がなくなったわけではない。ジャーゴンは、新たな形を装いつつ、学問の中にいつでも隠れ家を見つけ出す。最高の精神の持ち主でさえ、それらの侵入を阻《はば》むのは困難だった。しかし最終的に、哲学者がよりよく観察するようになり、観察で用いた正確さと厳密さを自分たちの言語にもたらしたため、学問は進歩した。そうして彼らはさまざまな点について言語を修正し、よりよく推論するようになった。このように、推論の技術は言語の変化に追随してきたし、また、そうなったのは必然なのである（*Cours d'Études, Hist. anc. Liv.* 3, *chap.* 26. *Hist. mod. Liv.* 8 *et* 9, *chap.* 8, 9 *et suiv., enfin liv. dernier*）。

訳注

＊42　「実体（substance）」の語源はラテン語の sub-statio（下に－立つ）の現在分詞、「思考（pensée）」の語源はラテン語の pendo（吊るす）であり、いずれもコンディヤックの言うとおりである。

ここでコンディヤックが言っているのは、「よくできた言語」とは、言葉（語）を見るだけで観念の発生過程をたどることができるような言語だということである。「実体」や「思考」などの哲学用語は、フランス人にとっても意味のよく分からない言葉だが、語の構造をよく見れば、上記のとおり、語形から語源が分かる。つまり、その観念が思いつかれた最初の具体的な場面、つまり感覚可能な場面が分かるということである。後述されるが、コンディヤックの「よくできた言語」の構想は代数学をモチーフとしており、よくできた言語を用いた推論は、方程式を解くようにして遂行される。

ちなみに、こうしたコンディヤックの構想を化学に持ち込んだのが、アントワーヌ・ラヴワジエ（一七四三―九四年）である。中学や高校で習ういわゆる「化学方程式」では、記号操作のみによって化学反応が予想できるようになっているが、これはまさしく「よくできた言語」の構想を化学という学問分野で具体化したものに他ならない。この原型を作ったのがラヴワジエである。いわゆる「化学革命」は、コンディヤック理論の化学への応用なのである。

第五章　抽象的で一般的な観念についての考察。推論の技術はいかにしてよくできた言語に還元されるか

抽象的で一般的な観念とは名称[*43]にすぎない

先ほど一般観念の形成について説明したが、一般観念とは、その観念が当てはまるそれぞれの個物についての全体的観念の一部分である。それゆえ人は、一般観念とは部分的観念でもある、と考えるのである。たとえば「人間」の観念は、ピエールやポールについての全体的観念の一部分をなしている。なぜなら、我々はピエールにおいてもポールにおいても同じように「人間」の観念を見出すからである。

人間一般というものは存在しない。そのような部分的観念は、我々の心の外側に何らの実在性も持たない。それが実在性を持つのは我々の精神においてのみである。精神において部分的観念は、それが一部分をなす全体的観念、つまりは個別的観念から切り離されて存在する。

部分的観念が我々の精神において実在性を持つのは、我々がそれをそれぞれの個別的観念

から切り離して考察するからである。それゆえ、我々は一般観念を「抽象観念」とも呼ぶ。「抽象的（abstrait）」の意味は、「切り離されている（séparé）」ということに他ならないからである〔abstrait の語源はラテン語の abs-traho（遠くへ－引っ張る＝切り離す）の過去分詞〕。

つまり、すべての一般観念は同時に抽象観念でもある。そして、お分かりのとおり、我々が一般観念を形成するのは個々の個別的観念から共通するものを取り出すことによってである。

では、そうした一般的で抽象的な観念が我々の精神において持つ実在性を支えるものは何だろうか。それは名前である。もし一般観念が名前以外のなにものかだとすれば、必然的に、観念は抽象的であったり一般的であったりするのをやめることになる[14]。たとえば私が「人間」について考えるとき、私はこの言葉において、複数の個物に共通する名称しか見出せない。この場合、明らかに、私が持つ人間についての観念はいわばこの人間という名前の中に限定されており、その外側に広がっていくことはない。つまるところ、人間の観念とはまさしく人間という名前そのものなのである。

他方、もし私が「人間」について考えるとき、この言葉において、何か名称以外のものについて考察しようとするなら、どうしても私はある一人の人間を思い浮かべるしかない。そして、ある一人の人間が、自然界においてはもちろん私の精神においてであっても、抽象的で一般的な人間であるなどということはありえない。

このように、抽象観念とは名称以外のものではない。もしも我々が断固として抽象観念においてて何か名称以外のものがあると考えるなら、ちょうど頑として人間一般を描こうとする画家のようなものだ。画家はいくら頑張っても、ある特定の個人を描くことしかできないのである。

結果として、推論の技術はよくできた言語に還元される

こうした抽象的で一般的な観念についての観察から示されるように、そうした観念の明晰さと正確さはひとえに我々が諸クラスに名称を与えたときの秩序に依存している。それゆえ、こうした種類の観念を規定する手段は一つしかない。すなわち、言語をうまく作ることである。

また、これまでの観察からは、我々がすでに証明したこと、すなわち我々にとって言葉がどれほど必要かということも確認される。もし我々が名称というものを持っていなかったとしたら、我々は抽象観念を持つことができなかっただろう。もし我々が抽象観念を持っていなかったとしたら、我々は類や種を持つことができなかっただろう。もし我々が類や種を持っていなかったとしたら、我々は何事についても推論することができなかっただろう。ところで、我々が名称の助けによらずには推論できないということから改めて証明されるとおり、我々がよい推論をするのも悪い推論をするのも名称の助けによってである。さらにこのことから改めて証明されるとおり、我々がよい推論をするのは我々の言語がよくできている

からであり、悪い推論をするのは我々の言語のできが悪いからである。我々は、抽象的で一般的な観念を規定することを分析から学ぶことで、よくできた言語の作り方を分析から学ぶ。そうすることによってのみ、我々は推論のやり方を分析から学ぶことができる。推論の技術はすべて、よく話す技術に還元されるのである。

話すこと、推論すること、一般的で抽象的な観念を作ること。これらは根本的には同じことである。この真理はまったく単純なものだが、新発見として通用するだろう。実際、人々はこの真理にまったく思い至らなかった。多くの人々にとって推論の技術とは、自分たちが話す仕方、あるいは自分たちが推論する仕方のことだと思われている。つまり、自分たちがやっているような仕方で一般観念を乱用することだと思われている。さらに、それは難しいものだと思われている。たしかに、抽象観念についてどのように話せばよいかがほとんど分かっていない人が、抽象観念を理解する方法が分かったと思うのは難しいだろう。

推論の技術がよくできた言語に還元されるのは、我々が持つ観念の秩序が、我々が類に与えた名前と種に与えた名前の従属関係に一致するからに他ならない。また我々は、新たなクラスを作ることによってのみ新たな観念を持つ。このことから明らかなように、我々はクラスを規定することによってのみ観念を規定できる。そうしたとき、我々はよい推論ができるだろう。類比関係が我々を導いてくれるので、さまざまな言葉を理解でき、ものごとの判断もできるからである。

この真理をよく知っておけば、多くの誤りを犯さずにすむ

クラスとは名称に他ならないということに納得すれば、我々は類や種が自然界に実在するなどと思うことはないだろう。そうしたとき、我々が「類」や「種」といった言葉において見るのは、我々との関係やものごと同士の関係に従ってものごとをクラス分けする仕方だけである。また我々は、我々に発見できるのはそうした関係だけであることを再確認し、ものごと自体がどうなっているかについて何か言えるなどと考えたりはしないだろう。結果として、我々は多くの誤りを避けることができる。

我々にとってクラスが必要である唯一の理由は、判明な観念を作るには研究したい対象を分解することが必要だからである。このことに気づいてさえいれば、我々は自分たちの精神が制限を課されていることを再確認するだけでなく、その限界がどこにあるかを知ることもできるだろう。そして、それを踏み越えようなどと思うことはなくなるだろう。我々は、無意味な問いの中で迷子になったりしない。我々に発見できないものを探求するのではなく、我々の手が届くものを発見するだろう。そのためにするべきは、厳密な観念を作ることだけである。これは、言葉を利用するすべを心得ていれば、常にできるはずのことである。

そして、我々が言葉を利用するすべを知るのは、言葉の中に、我々がそこに置いたはずもない本質なるものを探そうとするのではなく、我々が置いたもの、すなわちものごとと我々の関係やものごと同士の関係を探そうとするときである。

あるいはまた、我々が言葉を利用するすべを知るのは、言葉を我々の精神に課された制限

との関係において考察し、言葉を単に我々が思考するために必要な手段と見なすときである。そうしたとき、我々は〔新たな名前を付けるときには既存の言葉との〕最大限の類比関係が示されるように言葉を選択し、類比関係にもとづいてその意味を規定すべきであることを感じ取れるはずである。必然的に我々は、言葉の数を我々にとって必要な数だけに制限するだろう。そうすれば、くだらない区別や終わりなき区分と下位区分、我々の言語では意味不明になった外国語の語などといったものの中で迷子にならずにすむだろう。

つまるところ、我々が言葉を利用するすべを知るのは、言葉が最初に使用された場面でその中心的な意味を求め、[*44]他の意味については類比関係によって探求する、という習慣を分析のおかげで身につけたときなのである。

言語を作り、技術と学問を創造するのは分析である

我々が抽象し一般化する能力を持つのは、ひとえにこうした分析のおかげである。つまり、分析は諸言語を作るのである。分析は我々にあらゆる種類の厳密な観念を与えてくれる。要するに、我々が技術や学問を創造できるのは分析のおかげである。もっと言えば、分析自身が技術や学問を創造するのだ。分析があらゆる発見をなしたのであり、我々はそのあとをついていっただけである。これまで人々によってすべての才能の源泉と見なされてきた想像力にしても、分析なしでは何の力も持たなかっただろう。

いや、「想像力は何の力も持たなかっただろう」と言ったのは間違いだった。分析なしの

想像力は、主義主張や先入観や誤りの源泉になったことだろう。分析が想像力をときどきは制御しないと、我々は奇妙な夢想ばかり語ることになっていただろう。実際のところ、想像力しか持っていない著述家がそれ以外のことを語っているだろうか。

分析によって我々がたどる道筋には、一連のよくできた観察によって道しるべが立てられている。我々は、いま自分がどこにいるかを知っており、どこに向かっているかが見えているので、一歩一歩に確信をもって進むことができる。そもそも分析は、我々にとって何かの助けになるかもしれないものをすべて我々に提供してくれる。我々の精神は、単独では非常に非力だが、分析をあらゆる種類の梃子《てこ》として活用することができる。そして精神は、いわば自分が自然現象を支配しているかのような容易さで、自然現象を観察する。

分析に従って真理を探求すべきであって、想像力に従ってはならない

しかし、我々が分析のおかげで何ができるかを正しく判断するには、分析についてよく知らなくてはならない。さもなければ我々は分析の産物を想像力の産物だと誤解してしまうだろう。たとえば、我々が抽象的と呼ぶ観念が感官で捉えられないからといって、我々はそれを感官に由来するものではないと思い込んでしまう。そうなると、抽象観念には感覚印象と共通する点があることが見えなくなり、我々は、抽象観念は感覚印象以外の何物かだと想像してしまうのである。こうした誤りに捕えられてしまうと、我々は抽象観念の起源や発生が見えなくなってしまう。抽象観念がどのようなものであるかが見えなくなっているにもかか

わらず、自分はそれを見ていると信じ込む。そんなとき我々が見ているのは、ただの幻覚である。あるときは、抽象観念は心の中にそれ自身として何らかの実在性を持つ存在になったり、生得的なものになったり、徐々に増えていく自分の持ち物になったりする。別の場合には、抽象観念は神においてのみ実在するものになったり、我々は神においてのみそれを見ることになったりする。[*45] こうした夢想は必然的に我々を発見の道程から遠ざけ、我々は誤りに誤りを重ねていくことになる。これらは想像力が作った体系である。我々がひとたびこうした体系を受け入れると、よくできた言語を持つことができなくなってしまう。我々はほとんど常に悪い推論をすることを余儀なくされる。なぜなら我々は、精神の諸機能について〔分析ではなく想像力が重要だという〕間違った推論をしているからである。

先に指摘したように、神の御手から出ていこうとする人間が自らを導く方法が、このようなものであってはならない。神の御手のうちにあるとき、人間は自分が探求しているということを知らないまま探求していたのだが、それでもうまく探求していたのである。しばしば人間は、自分が探求していたということに気づかないまま発見した。自然の創造者である神が人間に与えた欲求と、神が人間を置いた環境が、人間に観察することを強いたのである。欲求と環境が、想像にふけらないよう人間に注意してくれることもしばしばであった。そして、分析が言語を作ったが、その言語はとてもよくできていた。分析が常に言葉の意味を規定したからである。そうした言語の及ぶ範囲は限られていたが、よくできていたので、必要不可欠なものについては人間を発見へ導いてくれた。しかし不幸にして人間は、自分がどのようにして学んだのかを観察できなかった。まるで人間は、知らず知らずのうちにやることしか上手にできないかのようだ。そして哲学者たちときたら、最大限の理性の光とともに探求すべきだったにもかかわらず、探求の結果しばしば何も発見できず、あるいは単に道に迷ったのである（*Cours d'Études, Art de penser, part.* 2, *chap.* 5）。

ルロワによる注

［14］ *Essai sur l'Origin des Connoissances humaines*, Part. I, sect. V を参照。この節は Locke, *Essais*, liv. II, ch. XI, § 9-11, et liv. III, ch. III からインスピレーションを得ている。

訳注

＊43　原語は dénomination.「名前」と訳しているのは nom. 両者はどう違うのかというと、nom は一般的な意味で「名前」、「名詞」のことだが、dénomination は「名づける（dénommer）」の名詞形であり、「人為的に張り付けたラベル」といった語感があるように思う。

＊44　「最初に」と訳したのも「中心的な」と訳したのも premier である。直訳すれば「第一の」であるが、訳し分けたとおり、この語には、歴史的順序として「最初の」という意味と、現時点における「主要な」という意味がある。しかし、コンディヤックはそれを必ずしも区別していない。ある言葉の中心的な意味と周辺的な意味を区別して整理することと、ある言葉の意味が拡張されてきた歴史的な順序を明らかにすることは別のことだが、コンディヤックはその二つをいわば同一視しているのである。

第一部第二章の訳注＊9で、「本書でのコンディヤックの主張の一つは、『分析の順序（ordre）が観念の秩序（ordre）になる』というものである」と述べたが、その「分析の順序」には、「ある観念が実際に形成されてきた歴史的順序」という意味と、「現時点においてある観念を要素に分解していく順序」という意味が重ねあわされているということである。

コンディヤックが主に念頭に置いているのは「現時点における観念の分解」だが、語源へのこだわりから見て取れるように、そうした分解のためには「歴史的順序」を知ることが重要だと考えているようである。逆にまた、観念を分解することでその形成の歴史が再構成できるとも考えているようである。しかも、第一部第七、八章における「心の諸機能の分析」を読めば明らかなように、観念の構造と歴史を明らかにすることで、その観念が示す対象そのものの構造と歴史を明らかにできると考えている。

要するに、コンディヤックの理論では、順序（ordre successif）と秩序（ordre simultané）の間のズレと重なりが観念の分析を推進する原動力となり、新たな知識を生み出す、という構造になっているのである。コンディヤックが類比関係（analogie）を強調する意味も、こうした観点から理解されるべきだろう。類比関係とは要するに、異なるもの同士の類似性である。つまり、ズレつつ重なっている関係だからである。

ただし、こうした類比関係にもとづく思考（類推）は、ある仮説を思いつくためのインスピレーションは与えてくれるかもしれないが、たとえば観念の構造は観念の歴史そのものではないため、思いついた仮説を改めて検証する過程が必要である。類推にもとづく推論の明証性については、第二部第九章を参照。また、コンディヤックの分析の多義性とその意味については、拙著『コンディヤックの思想』第六章「体系における順序の問題」を参照されたい。

*45　「生得観念」はデカルトの説、「観念を神において見る」というのはマルブランシュの説。コンディヤックは、「観念はすべて感官に由来する」という経験論の立場からこれらの説を批判するが、デカルトやマルブランシュの説はコンディヤックが言うほど馬鹿げたものだったわけではない。

そうした議論を展開したときに彼らが考えていたのは、たとえば幾何学における観念である。感覚に現れた個々の円はどれも完全な円ではなく、微妙に歪んでいたり、線に幅があったりする不完全なものである。にもかかわらず我々は、「ある点から等しい距離にある点の集合」という完全な、あるいは理念的な「円の観念」を持っている。コンディヤックは「抽象観念とはさまざまな個物の共通点を抽出したもの」と言うが、完全な円など現実には存在しないのだから、「円の観念」が諸個物の共通点であるはずがない。

さらに幾何学者は、そうした理念的な「円」についてさまざまなことを証明するが、その証明もまた先験的である。つまり経験に依存するものではない。たとえば幾何学者が円周率を知りたいと思ったときには計算するのであって、円形のものに紐を巻いて長さを測るといったことはしない。測定には常に誤差が含まれるが、数学には無理数というものはあっても誤差というものはない。そして、円についての幾何学的証明はすべての円に当てはまる。こうした数学的な先験性や普遍性が何に由来するのかが彼らの問題だったのであり、彼らはその起源を「神」と名指したのである。

観念の普遍性と個物が生成消滅する現実世界との関係や、「普遍」というものの存在性格は、プラトンが論じた西洋哲学における根本的な問題であり、その後たとえばカント哲学における中心的な課題となる。

第六章　言語の乱用を改善する唯一の手段は定義だと考える人がどれほど間違っているか

定義にできるのは、ものごとを提示することだけである。それゆえ、定義を原理として与えられたときには、その意味を知ることができない

言語の欠陥ははっきり見て取れるものである。とくに、意味が規定されていない言葉や意味を持たない言葉を見ると、言語の欠陥がよく分かる。そこで人々は言語を改善しようとした。そうした人々が言うには、いくつかの言葉を定義できるのだから、すべての言葉を定義しなければならないのだそうだ。その結果、定義は推論の技術の基礎と見なされることになってしまった。

「三角形は三つの直線で囲まれた面である」。こうした定義を例として考えてみよう。こうした定義は三角形の属性を規定するために不可欠の観念を与えてくれるかもしれないが、ものごとの属性を発見するにはそのものごとを分析しなければならないし、分析するにはそのものごとをよく見なければならない。つまり、こうした定義は我々に分析すべきものごとを提示しているのであり、それだけが定義の役割なのである。ところで、我々の感官も定義と同じように感覚的な対象を提示してくれる。我々は、そうした対象について定義などできないにもかかわらず、それを分析する。つまり、定義の必要性とは、推論したいものごとをきちんと見ることの必要性と同じものなのである。そして、人が定義なしにものごとをきちんと見ることができるのであれば、定義は無用になる。むしろ、そうした場合の方が普通である。

おそらく、あるものごとについて研究するには、それを見なくてはならない。そして、私がものごとを見るときにしなければならないのは、分析することだけである。つまり、私が「三つの直線で囲まれた面」の属性を発見するとき、発見の原理となるのは分析だけなのである。なお、ここで「原理」と言ったのは、そう言うのがお好きな人のためである。さて、三角形の定義の役割は、私に三角形というものを研究の対象として提示することだけだが、これは感官が私に感覚的な対象を提示するのと同じことである。だとすると、「定義は原理である」という文はいったい何を意味しているのか。それが意味するのは、「研究するためには、ものごとをよく見ることから始めなくてはならない」、「ものごとを見るときには、あるがままに見なくてはならない」ということである。これ以外の意味はないのだが、人々はそれ以上の意味があると信じてきたのである。

「原理」とは「始まり」と同義語である。[*46]「始まり」という意味が、この言葉が最初に使われたときの意味である。ところが、この言葉を慣用しているうちに、人々は観念をあてがわずに習慣に従って機械的に使うようになり、何の始まりでもないような事柄について原理という言葉を使うようになったのである。

私は感官が知識の「原理」だと言うが、それは知識が感官から始まるからである。これは、よく言われていることを言ったにすぎない。しかし、感官が原理だと言うことは、「三つの直線で囲まれた面という定義が三角形のすべての属性の原理である。なぜなら、三角形のすべての属性は三つの直線で囲まれた面から始まるからである」などと言うのとは別のことである。私としては後半を「三つの直線で囲まれた面の属性は三つの直線で囲まれた面から始まる」と言いかえてみたい。一言で言って、こんな定義からは何も学べない。定義は私がすでに知っていることを提示してくれるだけで、その属性を発見するためには分析することが必要なのである。

このように、定義にできるのは、ものごとを提示することだけである。しかし、どの定義も常に同じ明るさでものごとに光を当ててくれるわけではない。たとえば、「心とは感覚する実体である」という定義は、心というものを、まだそれを分析していない者に対して、はなはだ不十分な形でしか提示していない。つまり、心を分析することで、心は原理においては、すなわち始まりにおいては感覚する機能だけを持つということをまだ学んでいない者は、こうした定義を聞いても、心というものを不十分な形でしか見られない。たしかに、すべての心の機能についての研究を、このような定義から始めてはならない。それゆえ、心は原理的には感覚することに他ならないというのは真理だが、この真理は我々にとっての原理あるいは始まりではないからである。これは最初の知識ではなく、むしろ最後の知識である。これが最後の知識だというのは、分析によって得られる最終結果だからである。

定義できるのは稀な場合である

　幾何学者は、すべてを定義しなくてはならないという先入観を持っているため、しばしば無駄な努力を重ね、見つかりもしない定義を探している。そういう例として、直線の定義がある。幾何学者が言うには、直線とは二つの点を結ぶ最短の線である。こうした定義は直線について何らかの知識を与えてくれるものではなく、むしろ人々が直線というものを知っていることを前提している。しかし、幾何学者の言葉づかいでは定義とは原理なのだから、定義すべきものごとがすでに知られていることを前提してはならないはずである。幾何学者の躓《つまず》きの石はたくさんあるが、中でもこれは、原理を乱造する者が全員乗り上げる暗礁である。幾何学者は、直線のよい定義がまだ与えられていないことに不平を述べるが、彼らは、定義できないものは定義してはならないということを知らないようである。しかし、定義にできるのはものごとを提示することだけだとすると、我々がそのものごとについて知るのが定義より前なのか後なのかということなど、どうでもよいではないか。本質的な点は、そのものごとを知ることだと私は思う。

　もしも幾何学者が最良の定義とは分析に他ならないということに気づいていたなら、あるものごとについて知識を得るための唯一の手段もまた分析であるということにも納得したであろうに。三角形の分析は、その一例である。「これは三つの直線で囲まれた面である」と言うためには、あらかじめその図形の各辺を一つ一つ順番に観察して比較しておかなくてはならない。こうした分析がいわば最初の一撃で行われるのは事実である。我々は三つまでなら瞬時に数えられるからである。しかし、幼児ならそれほど速く数えることはできない。にもかかわらず、幼児は我々と同じように上手に三角形を分析するだろう。幼児は時間をかけて三角形を分析するが、それは我々がもっと辺の多い図形について、時間をかけて辺の数を数えたあとで、その図形について定義ないし分析するのと同じことである。

我々の研究においては、「原理として定義を立てなくてはならない」などと言うのはよそう。もっと単純なことを言うことにしよう。「うまく始めなくてはならない。つまり、ものごとをあるがままに見なくてはならない」。もう一つ加えておこう。「あるがままに見るためには、常に分析によって始めなくてはならない」。

自分たちが持つ考えについてこのような仕方で表現するなら、我々はもっと正確に話すことができるだろうし、見つかりもしない定義を探して苦労することもないだろう。たとえば直線について知るためには、幾何学者のようなやり方でそれを定義する必要はまったくなく、我々がいかにして直線の観念を獲得したのかを観察するだけで十分なのである。

すべてを定義しようとする偏執狂の無駄な努力

幾何学は厳密学と呼ばれているので、他の諸学問を研究する際にも幾何学者のまねをするしかないと思われてきた。そこで、幾何学者における定義への偏執がすべての哲学者、あるいは自称哲学者における偏執となったのである。国語辞典を開いてみよう。すべての項目について定義が試みられているが、その結果はひどいものだと分かるだろう。もっともましな定義は、直線の定義のように、言葉の意味が既に知られていることを前提する。何も前提としていないのであれば、そんな定義は理解できない。

観念を規定するのは分析だから、定義は無用である

我々の持つ観念は、単純観念か複合観念のいずれかである。[*47] 単純観念であれば、我々はそれを定義できない。[*48] 幾何学者はその定義を試みたが無益であった。直線の定義の場合と同様に失敗したのである。単純観念は定義できないが、分析によって、我々がそれをいかにして獲得したのかを知ることはできる。分析は、単純観念がどこに由来し、いかにして我々のもとにやって来たのかを示してくれるからである。

複合観念についても、我々がそれについて知るのは分析のおかげである。分析だけが、複合観念を分解することで、それを構成する部分的観念をすべて我々に示してくれるからである。このように、単純観念であれ、複合観念であれ、明晰かつ正確な仕方で観念を規定するのは分析だけなのである。

そうはいっても、まったく規定できない観念や、全員が納得するような形では規定できない観念が常に残るだろう。人々が同じ仕方で観念を組み立てることに同意できなかった場合、そうした観念はそもそも規定されていないからである。そういう観念として、たとえば

「精神」という言葉で我々が指し示す観念がある。我々が意味を理解していない言葉によって何を理解しているのか、分析といえども我々とまったく同じ仕方で規定することはできない。とはいえ、分析はその言葉によって理解される可能性のあることをすべて規定することができる。ただし、そうしたからといって、各人が好き勝手に言葉を理解するのをやめさせることはできない。ありがちなことだが、我々自身を正すことよりも、言語を正すことの方が容易なのである。

しかし、最終的には、分析は正すことができるすべてのことを正すだろう。分析だけにそれができる。なぜなら分析だけが、我々が持つすべての観念について、その発生についての知識を与えてくれるからである。それゆえ哲学者たちは、分析を投げ捨て、定義がその代わりになると信じ込んだとき、ひどく道に迷ったのである。彼らは分析についてさえよい定義を与えられなかったので、さらに道に迷った。もし彼らが分析という方法を説明しようと努力したなら、「全体を部分に分解してから全体を再構成するところに大きな謎がある」などと言うのではないか。もちろん、分解と再構成のために必要なのは、単にものごとを順番に秩序正しく観察することだけである。『百科全書』の「分析」の項目を参照されたい。[*49]

総合という蒙昧《もうまい》な方法

人々を定義への偏執に導いたのは、総合という方法である。この蒙昧な方法は常に、研究が終わるべき点から出発する。それにもかかわらず「教育の方法」などと呼ばれたりする。[*50]

私はこうした方法に正確な概念を与えることができない。それは一つには私がこの方法について理解していないからだが、そもそもこれを理解することなどできないのである。この方法は、それを採用したがる人の精神の性格を色濃く受け継いでいるので、いっそう理解が困難である。しかも、誤った精神の性格をとりわけ受け継いでいるのだ。以下で、この方法について著名な著述家がどのように説明しているかを見てみよう。「結局、これら二つの方法（分析と総合）が異なるのは、谷から山へ登る道か、山から谷へ下る道かという点においてのみである」[4]。こうした文章から私が読み取れるのは単に、お互いに逆向きの二つの方法があるということだけである。そして、一方がよいものなら他方は悪いもののはずだ。なぜかというと、まず、人が進むことができるのは、知っていることから知らないことへという方向だけである。そこで、もし知らないことが山の上にあるとすれば、山を下りてもそこには至れない。もし知らないことが谷の中にあるとすれば、山を登ってもそこには至れない。つまり、知らないことへ至る道が二つあって、それがお互いに逆向きであることなどありえないのである。そのような主張はこれ以上の真剣な批判に値しない（*Cours d'Études, Art de penser, part.1, chap. 9*）[15]。

一般の人々は、総合の特質は我々の持つ観念を組み立てることであり、分析の特質はそれを分解することだと考えている。『ポール＝ロワイヤル論理学』の著者が、「一方の道は谷から山へ登り、他方は山から谷へ下りる」と言うことで分析と総合について説明したつもりになったのは、こうした一般の通念のせいである。しかし、人が正しく推論するにせよ、誤った推論をするにせよ、必然的に精神は登ることと下りることを交互にやらなくてはならない。もっと簡単に言うと、精神にとっては観念を組み立てることと分解することは同様に本質的に重要なのである。なぜなら、一連の推論とは、つまり一連の組み立てと分解であり、それ以外ではありえないからである。それゆえ、総合には組み立てと同様に分解も含まれており、分析には分解と同様に組み立ても含まれているのである。分解と組み立ての二つは相容れないと考えたり、組み立てを全部やめるか分解を全部やめるかのいずれかを選んで推論することができるなどと考えたりするのは馬鹿げている。では、分析と総合という二つの方法は、どういう点で異なるのだろうか。分析は常にうまく始めるが、総合は常に悪く始める、という点である。分析は自然の方法だから、秩序に悪影響を与えることなく、自然に秩序を持つ。総合は哲学者の方法だから、自然な秩序を知らず、それに大いに悪影響を与え、精神に光を与えることなく疲弊させる。要するに、我々が選好すべき正しい分析は、始めるべきところから始め、言語がどのように形成されているかを類比関係によって示し、そうすることで、諸学問がどのように進歩してきたのかを示すのである。

原注

（4） *La Logique, ou l'art de penser*, part. 4, ch. 2.

ルロワによる注

［15］　そのほか、*Essai sur l'Origin des Connoissances humaines*, Part. I, sect. II, ch. VII を参照。この章は *Art de penser* の上記の章に再録されている。

訳注

＊46　「原理（principe）」の語源はラテン語の principium（始まり）であり、ギリシア語のアルケー（原理）も同様に本来は「始まり」の意味である。

＊47　直訳すると「我々の持つ観念は単純であるか複合的であるかのいずれかである」。以下でも「単純観念（idée simple）」や「複合観念（idée complexe）」という用語は用いられず、「観念が単純である場合」、「複合的である場合」などと表現されている。しかし、他の著作との内容の照応を考えて「単純観念」、「複合観念」と訳した。大まかに言うと、ロックやコンディヤックらのいわゆる「観念連合説」では、観念を単純観念と複合観念に区別する。感覚印象が単純観念であり、複合観念は単純観念の組み合わせで作られると考える。『人間認識起源論』第一部第三章「単純観念と複合観念について」を参照。

＊48　単純観念が定義できないのは、たとえば目が見えない人に「赤色」をいくら説明しても分かってもらえないように、感覚印象を知るためにはそれを感じるしかないからである。

＊49　ディドロとダランベールが編集した『百科全書、または学問、芸術、工芸の合理的辞典（*L'Encyclopédie, ou Dictionnaire raisonné des sciences, des arts et des métiers, par une société de gens de lettres*）』に、コンディヤック自身は執筆していないが、いくつかの項目はコンディヤックの思想をもとに書かれている。抄訳が岩波文庫にあるが（桑原武夫訳編『百科全書――序論および代表項目』岩波文庫、一九七一年）、その中に「体系」の項目も含まれているので参照されたい。『百科全書』の全文（初版本）はフランス国立図書館のウェブサイトで公開されている。ＵＲＬは、http://gallica.bnf.fr/ark:/12148/bpt6k50533b.「分析」の項目は四〇〇―四〇三頁。

＊50　次の段落の原注（4）を見れば明らかなとおり、アルノーとニコルによる『論理学、あるいは考える技術』の第四部第二章「二種類の方法、分析と総合、分析の例」が念頭にある。第一部第三章の訳注＊14で訳したとおり、当該箇所においてアルノーとニコルは「分析」を「発明の方法」、「総合」を「教育の方法」と呼んでいる。

分析と総合は、もともとデカルトが『方法序説』（一六三七年）などで主張した方法で、要するに分析とは複雑な問題を要素に分解すること、総合とは単純なものから順次複雑なものへたどっていくことである（ただし、デカルト自身は自らの方法に「分析」や「総合」という言葉を使っていない）。一読して明らかなように、コンディヤックの言う「分析」とは、いわばこの二つの方法を合わせたものである。デカルト自身、『精神指導の規則』（一六二八年）では、「第五規則」として「複雑で不明瞭な命題を段階的により単純なものへ還元し、それから、もっとも単純なものの直観から始めて、その後、還元したのと同じ段階をたどって他のすべての知識へと登っていくなら、厳密な方法に従ったことになる」と述べている。

第七章　言語が単純であれば、推論はどれほど単純になるか

分析より総合を好む人の誤り

分析が唯一の方法であるにもかかわらず、数学者でさえ、いつでも分析を放棄しそうな勢いである。彼らはやむをえないときにのみ分析を使っているようだ。数学者は総合の方を好む。そちらの方が単純で手っ取り早いと思っているのである。しかしながら、数学者が総合について書いたものは、ひどく複雑で長ったらしい(5)。

先に見たとおり、この総合は分析と正反対のものである。総合は我々を発見の道から踏み外させる。しかしながら、大多数の数学者は総合という方法が最も教育に適していると思っている。彼らは強くそう信じ込んでいるので、彼らが書いた初学者向けの本で読者が分析に従うことを望まないのである。

クレローは別なふうに考えていた[16]。オイラー氏やラグランジュ氏がこの点について考えを言ったかどうか、私は知らない[17]。しかし、彼らが実際に行ったことを見れば、言ったも同然である。つまり、彼らの初級代数学の本は、分析的方法だけを使っているのである(6)。

これらの数学者たちが分析を支持していることには、なかなかの価値がある。というのも、他の数学者たちは奇妙なことに、総合という方法に初めから好感を抱いているらしいからである。そして彼らは、分析は発見の方法だが教育の方法ではないと確信しており、他人が発見したことを学ぶには、我々に発見をさせてくれた手段より好ましい手段があると確信しているのである。

こうして一般的に、総合を利用できるときにはいつでも分析は数学から追放されている。これはつまり、分析が他の諸学問へ接近する出入り口が閉ざされたということだから、分析が他の学問に導入されたとしても、その学問を扱う人にとって知らず知らずのうちにだと思われる。それゆえ、古代の哲学者の著作にせよ、現代の哲学者の著作にせよ、分析を教えるために書かれたものはほとんどないのである。分析が真理を示さず、それどころか総合があいまいな概念や主義主張や誤りの山の中に真理を埋めてしまったときには、真理を見分けることはほとんどできない。しかも総合はジャーゴンを作り、人々はそれを技術や学問の言語として採用するのだから、なおさらである。

諸学問は、極めて単純な言語を話すなら、厳密なものになる

分析について少しでも考えれば、分析は単純かつ正確であればあるほど多くの光を放つことが分かるだろう。そして、推論の技術はよくできた言語に還元されるということを思い出すなら、分析が最大限の単純さと正確さを持つのは、言語が最大限の単純さと正確さを持つことの結果だと判断できるだろう。それゆえ我々は、言語の単純さと正確さがどのようなものかをはっきりさせ、研究するときにはいつでも可能な限りそれに近づくようにしなくてはならない。

一般に、厳格な証明が行われる学問を「厳密学」と呼ぶ。しかし、どうしてすべての学問が厳密ではないのか。あるいは、厳格な証明をしない学問があるとして、いったいどのような証明をしているのか。厳格に考えると証明でない証明があると考えるような人は、自分が言っていることをよく分かっていないのではないか。

ある証明は、証明でないか、厳格な証明であるかのいずれかである。とはいえ、ある証明が、証明するときに用いるべき言語で語られていないときには、証明のように見えないこともある。そのことは認めなくてはならない。しかし、そういうとき、その学問が厳格な証明をしていないとしても、その学問のせいではない。不適切な話し方をする学者のせいである。

数学の言語である代数学は、あらゆる言語の中でももっとも単純な言語である。では、証明は数学でしかできないのだろうか。他の学問は数学と同じ単純さには到達できないが、だからといって、証明したことを証明したと認めさせるのに十分な単純さを持ちえないと非難されるべきなのだろうか。〔数学の記号ではなく通常の言語であっても、適切な用い方をすれば厳格な証明はできるのである。〕

あらゆる学問において、証明するのは分析である。そして、分析するときに用いるべき言語を話している限り、分析は厳格な証明を行う。もちろん、分析といってもさまざまな種類が区別されていることは私も承知している。「論理的分析」、「形而上学的分析」、「数学的分析」などである。しかし、分析は一つしかない。あらゆる学問において分析は同じものである。なぜなら、あらゆる学問において分析が行うことは、知っていることから知らないことへ推論によって進んでいくことだからである。そして、推論とは、つまるところ、判断の中に判断が入れ子状に含まれている一連の判断である。以下で、普通なら代数学を使わないと解けないような問題を解いてみよう。そうすれば、分析するときに用いるべき言語がどのようなものかが分かるだろう。以下で取り上げるのは、もっとも簡単な問題である。そうした問題は理解しやすいし、他方では、あらゆる推論の技巧を説明するのにもそれで十分なのである。

そのことを証明する問題

「両手にコインを持っています。右手から一個取って左手に移すと、右手と左手のコインは同じ数になります。左手から一個取って右手に移すと、右手のコインは左手のコインの二倍の数になります」。では、はじめに右手と左手にそれぞれ何個ずつコインを持っていましたか、というのが問題である。

あてずっぽうでその数を見つけ出そうとしてはいけない。推論によって、すなわち知っていること〔既知数〕から知らないこと〔未知数〕へ一連の判断によって進んでいくことで、その数を見出す必要がある。

ここで所与の条件は二つである。数学者の言い方をすれば、二つの前提がある。一つは、「右手から一個取って左手に移すと、右手と左手のコインは同じ数になる」ということである。もう一つは、「左手から一個取って右手に移すと、右手のコインは左手のコインの二倍の数になる」ということである。お分かりのことと思うが、これら二つの前提の相互関係を観察することのみによって、求める数を発見できる。これもお分かりのことと思うが、その関係は、それを表現するやり方が単純であるかどうかに従って、見て取りやすくなったり見て取りにくくなったりする。

たとえば「右手に持っているコインの数は、それを一つ減らしたときには、左手に持っているコインを一つ増やしたときの数と等しい」などと言えば、一つ目の前提を表現する言葉の数としてはずいぶん多いことになる。そこで、もっと短く言いかえてみよう。「右手の数から一を引くと、左手の数に一を足したものと等しい」。あるいは、「右手の数引く一は、左手の数足す一と等しい」。さらにもっと短くすると、「右引く一は、左足す一」。

このように言いかえに言いかえを重ねることで、一つ目の前提のもっとも単純な表現に至る。そして、表現を短くすればするほど、観念はより身近なものになる。観念が身近なものになればなるほど、それらの間の関係を把握することは容易になる。そこで次にやるべきは、二つ目の前提を最初のものと同じように扱うことである。つまり、それをもっとも単純な表現に言いかえることである。

問題の二つ目の条件によると、「左手から一個取って右手に移すと、右手のコインは左手のコインの二倍の数になる」のであった。つまり、左手の数から一を引くと、右手の数に一を足したものの半分になるということである。そこで、二つ目の前提は、以下のように表現されるだろう。「右手の数足す一は、左手の数引く一の二倍である」。

以下のように言うなら、これをさらに単純な表現に言いかえたことになる。「右手の数足す一は、左手の数の二倍から、おのおの一ずつ引いた数と等しい」。最終的に、以下のようなもっとも単純な表現になるだろう。「右足す一は、二左引く二」。つまり、二つの前提を言いかえた表現は、以下のようになる。

右引く一は、左足す一
右足す一は、二左引く二

こうした種類の表現を、数学では「方程式」という。これらの方程式は、等しい二つの辺から成っている。「右引く一」は、一つ目の方程式の左辺である。「左足す一」は、右辺である。

左辺と右辺の両方において未知数は既知数と混じっている。既知数は「引く一」、「足す一」、「引く二」である。未知数は「右」と「左」であり、これらの言葉で求める数を表現している。

既知数と未知数がこのように方程式の両辺に入り混じっている限り、問題を解くのは不可能である。しかし、たいして考える努力をしなくても、容易に以下のことに気づくことができるだろう。すなわち、ある辺における数を、辺の間の等号を変えることなくもう一方の辺に移す手段があるなら、これら二つの未知数のうち一つだけを一つの辺に残すことで、同じ辺で混じっていた既知数から切り離すことができる。

こうした手段はおのずから明らかである。なぜなら、右引く一が左足す一に等しいのであれば、右は左足す二に等しいからである。同様に、右足す一が二左引く二に等しいのであれば、右は二左引く三に等しい。かくして、最初の二つの方程式は、以下の二つに置きかえられる。

右は、左足す二

右は、二左引く三

これら二つの方程式の左辺は同じ数、すなわち「右」である。それゆえ、容易に分かるように、これら二つの方程式のそれぞれの右辺の値を知ることができれば、「右」の数を知ることができる。ところで、最初の方程式の右辺は、二つ目の方程式の右辺と等しい。なぜなら、それぞれ「右」という言葉で表現された数と等しいからである。それゆえ、以下の三つ目の方程式を導くことができる。

左足す二は、二左引く三

こうして、未知数は「左」だけになった。その値を知るためには、それを既知数から切り離せばよい。つまり、既知数をすべて、同じ辺に移せばよい。すると、このようになる。

二足す三は、二左引く左

二足す三は、左

五は、左

これで問題は解けた。左手に持っていたコインの数は五であることが見出された。方程式では、「右は、左足す二」、「右は、二左引く三」なのだから、右手に持っていたコインの数は七であることが分かる。五と七という二つの数は、問題の条件を満たす。

代数学の記号を用いたこの問題の解法

こうした例から、表現の単純さがどれほど推論を容易にするかが、はっきり見て取られるだろう。また、我々が解いたような簡単な問題についてさえ、分析するためには単純な言語が必要なのだから、問題が複雑なときにはなおさら単純な言語が必要であることも理解できるだろう。つまり、数学における分析の優位点は、ひとえにもっとも単純な言語を話すことに由来するのだ。代数学について少しでも考えてみれば、そのことは容易に理解できるだろう。

代数学の言語では、言葉は必要ない。「足す」は「＋」、「引く」は「－」、「等しい」は「＝」で表現される。また、数は文字や数字で示される。たとえば「x」で右手に持っているコインの数を、「y」で左手に持っているコインの数を示すのである。そうすると、「$x-1=y+1$」という式は、「右手に持っているコインの数から一引いたものは、左手に持っているコインの数に一足したものに等しい」という意味になる。同様に、「$x+1=2y-2$」は、「右手の数に一足したものは、左手の数から一引いた数の二倍に等しい」という意味である。[*51] つまり、先ほどの問題の二つの前提は、以下の二つの方程式にまとめられることになる。

$$x-1=y+1$$
$$x+1=2y-2$$

これらの方程式の左辺を未知数だけにすると、

$$x=y+2$$
$$x=2y-3$$

これら二つの方程式の右辺どうしをつなげると、

$$y+2=2y-3$$

以下、連続的に変形して、

$$2=2y-y-3$$
$$2+3=2y-y$$
$$2+3=y$$
$$5=y$$

最後に、$x=y+2$ から $x=5+2=7$ という答えが引き出せる。同様に、$x=2y-3$ から $x=10-3=7$ という答えも引き出せる。

推論の明証性は、ある判断から他の判断へ移行するときに示される同一性にのみ存する

こうした代数学の言語からは、推論において判断がどのようにお互いにつながっているかをはっきり見て取ることができる。ご覧のとおり、最後の式は最後から二番目の式に含まれており、最後から二番目の式はそれに先立つ式に含まれている。そうして順番に、最初の式までさかのぼれる。なぜなら、最後の式は最後から二番目の式と同一だからであり、最後から二番目の式は、それに先立つ式と同一だからである。こうした同一性が推論の明証性を保証しているのである。

推論が言葉で展開されるときも同様で、その明証性は、ある判断から次の判断へ移行するときの同一性がはっきり見て取られることに存する。実際、一連の判断はすべて同一であり、表現だけが変化しているのだ。ここで気づいておくべきは、同一性が代数学の記号で表現されているときには、通常の言葉で表現された場合より見て取るのが容易なだけだということである。

つまり、同一性が容易に見て取られるにせよ、見て取るのがあまり容易でないにせよ、ともかくそれが示されることで、推論が厳格な証明であることが保証されるのだ。間違ってはいけないが、xやaやbといった記号を使って話したからといって、学問が厳密になったり証明が厳格になったりするわけではない。もしある学問において証明ができないように思われるなら、それは、その学問を語るために適切な言語を作る前に、あるいは適切な言語を作ることが必要だなどとは思いもよらないままに語るという慣習のせいである。どんな学問であれ、終始よくできた言語で語るなら、同じ正確さを持っていたはずなのである。我々は本書の第一部で、形而上学をそうしたやり方で扱った。たとえば我々は心の諸機能の発生について説明したが、それはすべての心の機能が感覚する機能と同一であることを見ていくことによってであった。我々は言葉で推論したが、記号を使った推論と同じくらい厳格に証明したのである。

あまり厳密でない学問とは、それを語る言語のできが悪い学問である

というわけで、もしあまり厳密でない学問があったとしても、それは人々がその学問について代数学の言語で話していないからではなく、その学問の言語のできが悪いからである。人々がそのできの悪さに気づいていないこともその学問が厳密でない理由だが、人々が言語のできが悪いのではないかと思い当たったときに余計に悪いものに作り変えてしまうこともまた、その学問が厳密でない理由である。ある学問の言語が、過剰な数の言葉を組み合わせてできたジャーゴンで、しかも組み合わされた言葉のあるものは意味が規定されていない俗語、他のものは理解困難な外国語であるとき、そんな言語を話す人が推論できないとしても、驚くにはあたらない。どんな学問でも、我々がそれぞれの学問の言語をきちんと話すべを心得ていたなら、厳密なものになっていたはずである。

諸言語はいずれも分析的方法であるということはすでに示したが、ここで改めてそのことが確認される。また、言語が改善されればされるほど推論も改善されるということや、推論の技術は、もっとも単純なところまで還元すると、よくできた言語以外のものではありえないということも、ここで改めて確認される。

代数学は、本来の意味での言語である

私は、数学者と違って、代数学が言語の一種だとは言わない。端的にそれは言語であり、それ以外のものではありえないのである。我々が先ほど解いた問題を見れば、代数学が言語であることが分かるだろう。その問題について、我々は最初ふつうの言葉で推論したが、その後、それを代数学の言語に言いかえた。これはつまり、記号と言葉が両方同じ推論を表現しているということである。そして、ここから明らかなのは、我々は言語を話すためだけに言葉を用いるのだから、我々が記号を用いるのもまた言語を話すためだけだということである。

〔先ほどのような簡単な問題ではなく〕もっとも複雑な問題を取り上げたとしても、同じことが観察できただろう。代数学が問題を解くときの言語の使い方はいつも同じだからである。その使い方とは、つまり推論である。そして推論とは、記号で表現された一連の同一の判断なのである。しかしながら、代数学は諸言語の中でももっとも一貫して方法に従うものであり、他の言語には言いかえられないような推論を展開するものだから、人々は、代数学は話すために使うような普通の言語ではないと思い込んでしまったのである。あるいは、代数学はある意味では言語の一種だが、ほんとうは言語とは別の何物かに違いないなどと思い込んでしまったのである。

もちろん、代数学は分析的方法である。同様に、代数学は言語でもある。すべての言語は分析的方法なのだから。もう一度言うが、諸言語は本当に分析的方法なのだ。とはいえ、代

数学は、学問の進歩はひとえに言語の進歩のおかげであるということの鮮烈な証拠である。代数学はまた、よくできた言語だけが分析に、その研究分野における最大限の単純さと正確さを与えることができたはずだということの証拠でもある。

いま、「与えることができたはずだ」と条件法で述べた。なぜなら、推論の技術においては、計算の技術と同様、すべては組み立てと分解〔の組み合わせとしての分析〕に還元されるからである。そこに二つの別の技術があるなどと考えてはいけない。〔しかし現実には、多くの学者が組み立てとしての総合と分解としての分析は別の技術だと考えているから、多くの学問分野における分析は混乱しており、単純さと正確さが与えられていないのだ。〕

原注

(5)　数学者が書く文章のこうした難点は一般的なものだが、例外がないわけではない。たとえばオイラー氏やラグランジュ氏など、もっとも明晰でもっともエレガントな文章を書く才能を持っている数学者もいる。彼らは分析を好む数学者であった。この二人が分析〔解析学〕を完成させたのである。彼らの著作は発見に満ちており、分析という方法が新たな発展を見せている。彼らが偉大な数学者なのは、彼らが分析家だからである。彼らが代数学について書いたものは素晴らしい。代数学というのは、すべての言語の中でも、優れた著者がもっとも稀な言語である。なぜなら、それはもっともよくできた言語だからだ。〔誰が書いてもうまく書けるので、誰か一人が抜きんでることは難しい。〕

(6)　オイラー氏の初級代数学は、彼以前に書かれた類書とまったく似ていない。第一部では、定解析が単純かつ明晰な方法で扱われている。これは著者の功績である。ただ、方程式の理論については表面的すぎるところがある。おそらくオイラー氏は、すでに他の著者によって言い古された細々したことを論じるのをいさぎよしとしなかったのであろう。しかし、自習したい読者にとっては残念なことである。

第二部の主題である不定解析は、フランスではほとんど知られていないが、オイラー氏とラグランジュ氏がその発展に大いに寄与した。この第二部は傑作である。ラグランジュ氏による補足も付いている。分析的方法のおかげで、この作品は大変優れたものになっている。この二人の偉大な幾何学者は分析的方法を熟知している。分析について無知な者が学問の入門書を書こうとしても、無駄に終わるものである。

ルロワによる注

［16］　Clairaut, *Elémens d'Algèbre*, Paris, 1746を参照。

［17］　Euler, *Elémens d'Algèbre traduits de l'allemand, avec des Notes et des Additions*, 2 vol., Lyon, 1774を参照。

訳注

＊51　未知数をxやyで表現するといった、現代における代数学の記号法は、デカルトが『幾何学』（一六三七年）で用いたのが最初である。

第八章　推論の技巧は何に存するか

問題を解くときにやるべきことは二つある。一つは前提を明示すること、つまり問題の状態の提示であり、もう一つは知らないこと〔未知数〕を取り出すこと、つまり推論である

これまでの諸章で我々が従ってきた方法は、既知の真理の中から見出せる範囲内で未知の真理を発見することを基本的なルールとしている。それゆえ、解くべき問題が仮定する前提の中には知っていること〔既知数〕と知らないこと〔未知数〕が混じり合っているというのも基本的なルールである。たとえば、先ほど我々が解いた問題でも、前提の中に知っていること〔既知数〕と知らないこと〔未知数〕が混じり合っていた。

前提の中に、真理を発見するために必要なだけの知っていること〔既知数〕が含まれていない場合、その問題は解けない。この考察は最初にやっておくべきことだが、多くの人はこれをほとんどまったくやらない。それゆえ多くの人は、正しく推論するために必要なだけの知っていること〔既知数〕が与えられていないのに、そのことに気づかないまま推論しようとして、悪い推論をするのである。

知っていること〔既知数〕がすべてそろっているときには、明晰で正確なやり方で言語を用いれば問題は解ける。もしも人がこのことに気づいたなら、あいまいで混乱した言語を手放せずに何の結論にも至れないときには、自分は必要なものを持っていないのではないかと思い至ったかもしれない。そうなれば、よりよく推論するためによりよく話そうとしただろうし、話すことと推論することは深く相互依存していることを学ぶこともあっただろう。〔しかし、現実には人はそのことに気づかず、言語と推論の相互依存についても学ばなかった。〕

前提の中に真理を発見するために必要なだけの知っていること〔既知数〕がすべて含まれているときの推論ほど単純なものはない。このことは先に見たとおりである。我々が出した問題がとくに簡単に解けるものだったのだ、などと言ってはならない。なぜなら、推論の方法は一つだからである。方法は変わるものではないし、変わる可能性もない。新しい問題が出されるたびに、推論の対象が変わるだけである。もっとも難しい問題についても、もっとも易しい問題と同様、やるべきなのは知っていること〔既知数〕から知らないこと〔未知数〕へ進むことだけである。それゆえ、前提の中に問題を解くために必要なだけの知っていること〔既知数〕が含まれていることが必要なのである。それがきちんと含まれている場合、我々がやるべきなのは、知らないこと〔未知数〕を可能な限り容易に取り出せるように、前提を十分単純な仕方で明示することだけである。

要するに、問題を解くときにやるべきことは二つである。一つは前提を明示すること、もう一つは知らないこと〔未知数〕を取り出すことである。

前提を明示するとは、問題の状態の提示（l'état de la question）と呼ばれるものと全く同じである。知らないこと〔未知数〕の取り出しとは、問題を解く推論のことである。

問題の状態の提示という言葉によって理解すべきこと

先ほど、両手に持ったコインの数を明らかにせよ、という問題を出したとき、私は必要な前提をすべて明示してしまった。つまり、私が自分で問題の状態を提示してしまったようである。しかし、私の言葉は問題の答えをあらかじめ示していたわけではない。それゆえにこそ、みなさんは私の言ったことを逐一繰り返すのではなく、さまざまな言いかえを経由して、もっとも単純な表現に至ったのであった。その結果、知らないこと〔未知数〕がおのずから取り出されたのだから、推論はいわばひとりでに行われたのである。つまり、問題の状態を提示するということは、前提をもっとも単純な表現に適切に言いかえることである。もっとも単純な表現は、知らないこと〔未知数〕の取り出しを容易にすることで推論を容易にするからである。

こうしたことは、推論が方程式によって行われる数学だからこそできるのだ、と言う人がいるかもしれない。推論が命題によって行われる他の学問分野でも、事情は数学と同じなのだろうか。私の答えは、「方程式」と「命題」と「判断」は根本的には同じだ、というものである。したがって、すべての学問分野において、推論のやり方は同じなのである。

推論の技巧はすべての学問分野において同じである。そのことを証明する例

数学で問題を出す人は通常、前提をすべて提示する。問題を解くために必要なのは、それを代数学の形に言いかえることだけである。他の学問分野では逆に、問いを見れば前提がすべて分かるということは決してないように思われる。たとえば、もし誰かに「人間の知性に含まれる諸機能の起源と発生はどのようなものか」と問われたときには、前提を自分で探求しなくてはならない。問題を出した人自身も、前提が分かっていないのだから。

しかし、自分で前提を探求しなければならないからといって、出された問題の中に暗示的な形でさえ前提が含まれていないなどと結論してはならない。もしも問題に前提が含まれていなければ、いかにしても見つけることはできないだろう。しかし、およそ解答可能な問題なら、問題の中に前提が見つけられるはずである。ただし注意すべきは、それが必ずしも見つけ出しやすい形で含まれているとは限らないということである。つまり、前提を見つけるとは、暗示的な形で含んでいる表現の中からそれを見分けるということである。そして、問題を解くためには、そうした表現を、すべての前提が明示的で判明な仕方で示されているような表現に言いかえることが必要なのである。

さて、「人間の知性に含まれる諸機能の起源と発生はどのようなものか」と問うことはつまり、「感覚能力を持つ人間が、観念を形成することでものごとを理解するときに使う諸機能の起源と発生はどのようなものか」と問うことである。このように言いかえれば、感覚印象に加えて、注意や比較、判断、反省、想像力、推論といったものが解くべき問題における「知っていること」であり、それらの起源と発生が「知らないこと」であるのがすぐ見て取られる。このように、前提の中に知っていることと知らないことが混在しているのである。

では、ここでの「知らないこと」に当たる起源と発生を、どうすれば取り出すことができるだろうか。これほど単純なことはない。起源という言葉で我々が理解するのは、「他の『知っていること』すべての原理あるいは始まりである『知っていること』」である。発生という言葉で理解するのは、「最初の『知っていること』から他の『知っていること』が出てくる仕方」である。この最初の「知っていること」について、私はそれが機能の一つであることは知っているが、最初のものであることはまだ知らない。つまり、この「知らないこと」はまさしく、「知っていること」と混じり合った「知らないこと」であり、必要なのはそれを取り出すことなのである。そして、少し観察すれば気づくことだが、感覚する機能は、他のすべての機能と混じり合っている。それゆえ、感覚印象こそが取り出すべき「知らないこと」であり、これを取り出すことで、いかにして感覚印象が順次、注意、比較、判断などに変化していくかを発見することができる。これこそが先に我々が行ったことである。そのとき見たように、感覚印象はさまざまな変化を経て知性になったのであった。それは、x−1＝y+1とx+1＝2y−2という方程式がさまざまな変化を経てy＝5, x＝7になったのと同様である。[*52]

このように、推論の技巧はすべての学問において同じである。数学では代数学の形に言いかえることで問いをはっきり立てる。他の学問分野では、もっとも単純な表現に言いかえることで問いをはっきり立てる。問いがはっきり立てられたときには、それを解くための推論自体もまた一連の言いかえの作業に過ぎず、ある命題はそれに先立つ命題を言いかえたものであり、続く命題はその命題をまた言いかえたものなのである。かくして、命題の同一性のおかげで、問いを明示してから推論の結論に至るまで、明証性が伝わっていく。

訳注

＊52　第一部第七、八章における「心の諸機能の分析」について、訳注＊29で「一読して明らかなとおり議論は非常に形式的で、本当に自分たち自身を観察したのかどうかさえ疑わしい」と書いた。そうした議論は、我々が成長してきた過程を明らかにするものであるどころか、実は方程式を解くことになぞらえられるようなことだったのである。

第九章　確かさのさまざまな段階。明証性、推測、類推について

以下では、確かさのさまざまな段階について素描するだけにとどめる。詳しくは『推論の技術』[*53]を参照いただきたい。この章の議論は同書で詳しく述べてある。

論理的明証性が欠ける場合、我々は事実の明証性と感覚意識の明証性を持つ

前章で語った明証性を、私は「論理的明証性」[18][*54]と呼ぶ。そこで示したとおり、この明証性が成り立つのは、ひとえに命題の同一性のおかげである。この真理はあまりに単純なので、かえって哲学者たちはみな見落としてしまったようである。彼らときたら、明証性を手に入れることに関心を持っていながら、明証性という言葉をたえず口で唱えているだけなのである。

私は、三角形が明証的に「三つの直線で囲まれた面」であることを知っている。この命題を構成する言葉の意味が理解できる人なら誰でも分かるように、「三つの直線で囲まれた面」と「三角形」は同じものだからである。そして私は、三角形がどのようなものであるか

を明証的に知ることで、三角形の本質について知る。この本質の中に、私は三角形という図形の属性をすべて発見できるだろう。

ところで、もしも私が三角形の本質についてと同様に金《きん》の本質について知ることができたと仮定するなら、私はその本質において金のすべての属性を見て取ることができたはずである。つまり、その重さや延性〔引いても壊れずに伸びる性質〕や展性〔叩いても壊れずに金箔になる性質〕などは一つの本質が変化したものであり、その本質が変化を通じてさまざまな現象を示すだけだということになっただろう。そして、私は一連の同一命題によって推論し、金のすべての属性を発見できただろう。しかしながら、私は金についてそういう形で知ることはできない。実際のところを言うと、私が金について作る命題はすべて、それが真であるなら、同語反復[*55]なのである。たとえば、以下のような命題を考えてみよう。「金には展性がある」。この命題の意味は、「私はある物体について、それに展性があることを観察した。私はその物体を金と名づける。その物体には展性がある」ということである。こうした命題においては、ある観念が自分自身によって述語づけされている。

私がある物体について同じように真である命題をいくつか作るとき、私はそうした命題において、同じ観念を主語と述語に置いているのである。しかし私は、そうした命題と他の命題の同一性を見て取ることができない。重さや延性や展性などは、同じ本質がさまざまに変化したものだというのはありそうなことだが、私にはそうした属性間の関係を見ることができない。つまり私は、論理的明証性によってそうした現象についての知識に到達することができないのである。私は現象についてては観察によってしか知ることができない。そうした知識において我々が持つ確実性を「事実の明証性」と呼ぶ[19]。ところで、私自身の心において観察した現象に関する知識が持つ明証性についても、事実の明証性と呼んでもよいのだが、私としてはそれを「感覚意識の明証性」と呼ぶことにする。なぜなら、こうした種類の事実を私が知るのは〔視覚や聴覚などの感官によるのではなく、内的な〕感覚意識によるからである[20]。

論理的明証性によって物体の実在が証明される

物体それ自体としての絶対的な質には、我々の感官の手が届かない。我々が物体について知ることができるのは、我々と関係する質についてのみである。それゆえ、我々が発見できる事実とは、我々と物体の間の関係について我々が知っていることに他ならない。しかし、物体が何らかの関係的な質を持っているということはつまり、そうした物体は他の物体と関係する何物かだということである。そして、そうした物体が他の物体と関係する何物かだということは、そうした物体はそれぞれ関係から独立した何物かだということ、つまり絶対的な何物かだということである。こうして我々は、論理的明証性によって、何らかの絶対的な質があること、つまりは物体があることを学ぶのである。しかし、論理的明証性が教えてくれるのは、単にそれが実在するということだけである。

現象・観察・実験という言葉の意味

「現象」という言葉の本来の意味は、自然法則からの帰結である諸事実というものである。そして、さまざまな自然法則自体も、それぞれ事実である。[*56]物理学の目的はこうした現象や自然法則について知ることであり、さらに可能であれば、そうした現象や法則の体系を把握することである。

そうした目的のため、人々はとりわけ現象に注意を向ける。人々は、現象間のさまざまな関係を考慮し、関連する状況を残さず把握する。人々がよく観察して関係や状況を確信したとき、そうした観察は改めて「観察」という名前を与えられる。

しかし、関係や状況を発見するには単に観察するだけでは十分でないときがある。そうしたときには、別の手段を使って、関係や状況を、それらを隠しているものから取り出さなくてはならない。関係や状況を我々に近づけ、目に見えるところまで持ってこなくてはならない。それが「実験」というものである。[*57]以上が、現象・観察・実験という言葉について区別すべき違いである。

推測の用法

人がいきなり明証性に至れるのはまれである。あらゆる学問や技術は、最初はある種の試行錯誤から始まったのである。

既に知っている真理にもとづいて人々は、あるものごとが、まだ確信できないが真理なのではないかと思い至る。そうした着想の根拠となる状況は、そのものごとが真理であることを示しているというよりは、単にもっともらしいということを示しているだけである。しかし、そうした着想によって我々は何を観察すべきかを知るので、しばしば発見の道を歩むことになる。「推測」という言葉が意味するのは、こうした場合のことである。[21]

推測の根拠がもっとも弱い段階は、人々があるものごとについて、それが存在しない理由が分からないから存在すると思う場合である。こうした種類の推測を許容できるのは、確証する必要がある仮説としてのみである。つまり、そのあとに観察や実験をしなくてはならないのである。

「自然はもっとも単純な仕方で作用する」ということには信じるべき理由があると思われる。しかし、そのことから哲学者たちは、自然があるものごとを生み出す手段について複数の可能性がある場合、彼らがもっとも単純だと思う手段を自然も選択したに違いないと判断しがちである。明らかに、こうした推測が説得力を持つのは、我々がすべての手段について知識を持ち、その単純さについて判断しうる場合だけである。そのようなことは極めてまれにしかありえない。(7)

類推の確かさには、さまざまな段階がある

推測は、明証性と類推の間にある。類推はそれ自身、弱い推測にすぎないことがある。[22] 類推には、類似の関係にもとづくもの、目的との関係にもとづくもの、結果に対する原因の関係、原因に対する結果の関係にもとづくものがある。こうした類推の根拠に従って、さまざまな確かさの段階を区別しなくてはならない。

「地球には人が住んでいる。それゆえ、他の惑星にも人が住んでいる」。これは単なる類似の関係にもとづくもので、もっとも弱い類推である。

しかし、惑星は自転と公転をしており、その結果として惑星表面の各部分に順番に太陽光が当たって温められることに気づいた人は、これはその星の住民が生存するために取られた神の配慮ではないかと思うのではないだろうか。こうした類推は、一つの目的に対する複数の手段の関係にもとづくもので、最初の類推より説得力がある。しかしながら、こうした類推は、地球が人の住む唯一の惑星ではないことを示すかもしれないが、すべての惑星に人が住んでいることを証明するものではない。自然の創造者である神は、人の居住という目的のために宇宙のあちこちで惑星を回転させたが、実際にその星に人が住むかどうかは、惑星の回転という一般的な機構からの帰結として時々実現する可能性があるだけ、ということもありうるからである。付言すると、惑星の回転によって、人の住む惑星の上に砂漠ができることもある。〔つまり、惑星の回転は人の居住に直結しているわけではない。〕

一つの結果に対する複数の原因の関係、あるいは一つの原因に対する複数の結果の関係にもとづく類推は、類推の中では最も説得力がある。関連するすべての状況が一致してそれを確証するなら、証明にさえなりうる。

地球が自転と公転をしているということは事実の明証性を持っている。地球と太陽双方の運動がそうした回転を生み出すことができるということは論理的明証性を持つ。我々は、すべての惑星が太陽の周りで軌道を描くのを観察する。また、少なくともいくつかの惑星については、それらが多かれ少なかれ傾いた自転軸を中心に回転運動していることを、事実の明証性をもって確信する。ところで、こうした二つの回転が必然的に日、季節、年を生み出すはずだということには、論理的明証性がある。それゆえ、地球もまた自転と公転をしているということが帰結する。地球には日、季節、年があるからである。

こうした類推は、同じ結果は同じ原因を持つことを前提している。こうした前提は、新たな類推や新たな観察によって確証されていけば、もはや疑いえないものとなるだろう。よい哲学者が自らを導いてきたのは、このようにしてである。もしもそうした哲学者と同じように推論することを学びたいと思うなら、最善の手段はガリレイからニュートンまでの間になされてきた発見について勉強することである（*Cours d'Études, Art de raisonner. Histoire moderne, liv. dernier, chap. 5, et suivans*）。

これはまた本書における推論が従おうとしてきたやり方でもある。我々はまず自然を観察し、自然から分析という方法を学んだ。この分析という方法を使って、我々は自分で自分を研究したのである。そして我々は、一連の同一命題をたどることで、我々が持つ観念と諸機能は、さまざまな形を取った感覚印象に他ならないことを発見した。そうして我々は、観念と諸機能の起源と発生について確信することができたのである。

また我々は、観念と諸機能の発展は、記号という手段によってのみ可能であること、記号なしにはありえないことに気づいた。それゆえ、推論の仕方を正すためには言語を正すしかないということ、推論の技術はそれぞれの学問分野で言語をよく作ることに還元されるということにも気づいた。

最後に我々は、最初の言語はその起源においてはよくできていたということも示した。そうした言語の形成を取り仕切った形而上学は、今日のような一つの学問ではなく、自然によって与えられた本能だったからである。

つまるところ、真の論理学は自然から学ぶべきなのである。[23] これこそが私の主題だったのであり、それゆえにこの本は新しく、単純で、簡潔な論理学の本になったのである。自然について研究するすべを知る者は誰であれ自然から教えを得るだろう。自然は常にもっとも正確な言語を話すので、たいへん上手に教えてくれる。もしも我々が自然と同じ正確さで話すすべを心得ていたら、我々はもっと賢明だったことだろう。しかし現実には、我々はあまりに駄弁を弄するため、いつでも正しく推論できるとは限らないのである。

この『論理学』を学ぼうとする若者への助言

ここで、この『論理学』を学ぼうとする若者に対して、いくつかの助言を付け加えておくべきだと思う。

推論の技術はそれぞれの学問分野で言語をよく作ることに還元されるのだから、〔適切に論じられた学問とは「よくできた言語」に他ならず〕適切に論じられた学問を勉強することが、よくできた言語を学ぶことに還元されるのは明らかである。

ただし、一つの言語を学ぶということは、それに慣れ親しむことである。それは長期にわたってその言語を使い続けることによってのみ可能になる。それゆえ、この本を読むときには、よく反省し、何度も読み返し、読んだことについて話してみて、さらに読み直すことを、この論理学の言語をうまく話せるようになったと確信できるまでやらなくてはいけない。

この『論理学』の最初の数章は容易に理解できるだろう。しかし、理解できたからといって、すぐ次の章に進めると思うなら、急ぎすぎである。新しい章に進むのは、先立つ章に書いてある観念や文章を完全にわがものにしてからでなければならない。そうしなければ、もはやそれまでの章と同じ容易さで理解することはできないだろうし、ときには何も理解できないことにもなるだろう。

それより大きな不都合は、誤解することである。つまり、これまで自分が使ってきた言語のなにがしかが残っていて、私が説明している論理学の言語を学んだと思いながら、両方を混ぜ合わせて理解不能なジャーゴンを作ってしまうことである。こうした誤解は特に、自分には学があると思っている人に起こりがちである。そうした人々が誤解するのは、不適切にも哲学と呼ばれているものについて研究したり、そうしたものについて教えたりしてきたからである。そうした人々は、どのような仕方で私の本を読んでも、自分たちが学んできたことをなかなか忘れられず、私が教えようとしていることだけを純粋に学ぶことができないのである。彼らは私とともに再び最初から始めるのを嫌がるだろう。彼らはほとんどの場合、私の本から学ばないだろう。意味が分からないと思っているのだから。よしんば本の内容が理解できたと思ったとしても、やはりほとんどの場合は学ばないだろう。彼らは自分たちの流儀で理解してしまい、新しいことは何も学ばなかった〔知っていることしか書いていなかった〕と思うだろうから。最良の本を読んでも、そこから自分たちの知っていることしか読み取らないというのは、自分を学者だと思っている人々の間では非常にありふれたことである。その結果、彼らは本を読んでも何も学ばない。彼らがまったく知らなかったことについて書いてある本を読んでも、何一つ新たなことを読み取らないのである。

　従って、私がこの本を書いたのは、無学な人のためである。そういう人は、これまでいかなる学問における言語も話していないので、私の論理学の言語を容易に学ぶことができるだろう。私の論理学の言語は、他のいずれの言語と比べても、いちばん取っつきやすいはずである。私はそれを自然から学んだのであり、自然は私に話しかけたのと同様に、そうした人たちに話しかけるだろうから。

　そうはいっても、引っ掛かりを感じる箇所があるかもしれない。そうしたときには、私が先ほど言ったような学者に尋ねるのはやめておいた方がよい。私の本を読んできちんと理解した他の無学な人に尋ねる方がずっとよいだろう。

　そういう人なら、引っ掛かりを感じたとき、自問自答してこう言うに違いない。「この本は、知っていることから知らないことへ進むようになっている。それゆえ、ある章の理解が難しいなら、その唯一の原因は、先立つ諸章の内容に十分慣れ親しんでいないことだ」。そして、歩みを戻して先立つ諸章に立ち返るべきだと判断するだろう。我慢強くそうすることで、誰にも相談する必要なしに、私が言いたいことを理解できるだろう。他人の助けなしに理解できたときほど、よく理解できることはないのである。

この『論理学』はとても短いので、怖じ気づくことはない。反省しながら読むことが求められるが、そうしたからといって、他の論理学の本を読んでつぶれるのと同じくらいの時間しかかからないだろう。

ひとたびこの論理学を知った人は、何ができるようになるだろうか。なお、「この論理学を知る」ということで私が言いたいのは、この論理学の言語を容易に話せる状態にあり、必要に応じてこの論理学を実行できる状態にあるということである。そういう意味でこの論理学を知ったなら、諸学問について適切に論じている本を、遅くないスピードで読み進めることができる。ときには、速読しただけで十分に学べる場合もあるだろう。ある知識から次の知識へ素早く進むために必要なのは、唯一のよい方法をわがものにしておくことだけである。その方法は唯一なのだから、すべての学問分野で同じなのである。

こうした素早い理解力がこの『論理学』の与えるものだが、それは同様に、私の前著『教程（*Cours d'Études*）』の中の初級講義を学ぶことでも得られるだろう。『文法（*Grammaire*）』の第一部を合わせて学んでいただければさらに良い。[*58] これらの勉強をうまくこなせば、私の他の著作もすべて容易に理解できるだろう。

この本を学ぼうとする若者に、もう一つ注意しておきたい。初学者が自然に陥りがちな先入観についてである。推論の方法は我々に推論することを教えてくれる。そこから我々は、推論をするとき毎回最初にしておくべきなのは推論が従うべき規則を考えることだと思い込みがちである。しかし、それは誤りである。推論の規則を考えるのは我々の仕事ではない。我々が規則について考えなくても、規則の方が我々を導いてくれるのである。文章を作る前に毎回文法について考えなければならないのだとしたら、何も話すことができないだろう。推論の技術も、他のすべての言語と同様、自然に話すことができるからこそ、きちんと話せるのである。方法についてじっくり考えなさい。しかし、他のことについて考えたいと思ったときには、もはや方法について考えてはならない。いつの日か、みなさんは方法に慣れ親しむことだろう。そうなったときには、方法は常にみなさんとともにあり、みなさんが自分一人で考えている時にも、みなさんの考えを見守ってくれる。みなさんの思考が道を外さないように見張っていてくれる。これが、みなさんが方法に対して期待すべきことである。手すりは、旅人を断崖の端から端までそれにしがみついて歩かせるためにあるのではなく、旅人が手を離して歩いても落ちないようにするためにあるのだ。

最初のうち、私が教える方法になかなか慣れ親しむことができなかったとしても、それはこの方法が難しいからではない。私の方法は自然なものだから、難しくなりようがない。もしみなさんにとって難しいと感じられるなら、それは悪しき習慣が自然を変質させているからである。悪しき習慣を捨てれば、自然に正しく推論できるようになるはずである。

こうした助言は、この『論理学』を学び始める前に与えておくべきだったと思われるかもしれない。しかし、もしそうしていたら、読者はこの助言を理解できなかっただろう。他方、一度目から『論理学』をきちんと読むことができる人に対してであれば、この助言を最後に書いておいても大丈夫である。そうでない人たちにとっても、こうした助言の必要性は、最初よりも最後になってからの方がよく分かるだろうから、最後に書いておくのがよいのである。

原注

（7）歴史研究における推測の用法については、*Cours d'Études, Hist. anc., liv.* 1, *chap.* 3...8 を見よ。

ルロワによる注

[18] *Art de raisonner*, liv. I, ch. I-III を参照。
[19] *Art de raisonner*, liv. I, ch. VII-VIII を参照。
[20] *Art de raisonner*, liv. I, ch. IV-VI を参照。
[21] *Art de raisonner*, liv. IV, ch. II を参照。
[22] *Art de raisonner*, liv. IV, ch. III を参照。
[23] 一七八〇年版では、「我々が学ぶべきは自然から……」となっている。

訳注

＊53 *Cours d'Études* 所収の *Art de raisonner* のこと。残念ながら未訳。

＊54　原語は évidence de raison であり、直訳すれば「理性の明証性」である。「理性」という日本語はやや語義が不明瞭だが、フランス語で raison（理性）と書けば raisonner（推論する）との類比関係が明白である。そこで、語源からの派生関係や言葉の意味の明らかさを重んじるコンディヤックの精神にならって、「論理的明証性」と訳した。

＊55　原語は identique. 前章の最後で強調されていた「命題の同一性（identité）」の形容詞形である。つまり、ある命題が他の命題と同一であることは論理的に推論を進めるうえで必須だが、一つの命題において主語と述語が同一であることにコンディヤックは価値を置いていないのである。

しかし、一見するとこれは奇妙である。コンディヤックが分析のお手本として何度も言及する「心の諸機能の分析」では、結論として「心の諸機能は、さまざまに変化した感覚意識である」とされるのだが、これは「さまざまに変化した感覚意識は、さまざまに変化した感覚意識である」ということではないのか。

結論だけ書いておけば、コンディヤックは、一見すると同語反復には見えない命題を変化させていって同語反復に持ち込むのが「証明」であり、初めから同語反復なら証明する必要がないから、そこに価値を（あるいは面白みを）見なかった、ということではないかと思われる。第一部第七章の推論についての議論で、「推論における二つ目の判断が、あからさまに見て取れるような形で一つ目の判断に含まれているときには、誰もあえて結論を探求しようとは思わない。結論を探求する必要があるのは、二つ目の判断が一つ目の判断の中にはっきり見て取れるような形で示されていないときである」と述べていたとおりである。

そのほかにもコンディヤックは、遺著である『計算の言語』（一七九八年）で以下のように述べている。「『六は六』という命題は同語反復であると同時にくだらない。……『三足す三は六になる』という、これとは別の命題については事情は同じではない。これは足し算の和である。それゆえ、それを求めるのが必要なこともある。この命題はくだらないものではない。同一性は観念においてのみあるからである」(ルロワ版全集、第二巻、四三二頁)。

デリダは『たわいなさの考古学』でこの箇所を引用し、「先験的《アプリオリ》な総合の問題に(術語を持たないま)記号に基づいて取り組んでいた時代」(邦訳一一三頁)と述べている。周知のとおりカントは『純粋理性批判』(一七八一年)において、数学における推論は「アプリオリな総合判断」であり、必然的に展開するものでありながら知識の拡張をもたらすものと考えた。コンディヤックの数学論はカント的な思想の先駆として位置づけることもできるだろう。

＊56　コンディヤックは「法則も事実である」と言うが、実際問題として法則は現象と同じ意味での「事実」ではない。現象は個別的だが法則は普遍的だからである。そして、個々の現象とそれらに一貫して妥当する普遍的な法則との関係は、言うまでもなく、第二部第五章の訳注＊45で述べた「観念の普遍性と個物が生成消滅する現実世界との関係」というプラトン以来の問題の一変奏である。コンディヤックは、現象も法則も同じく「事実」だと考え、個と普遍の差異を見なかったために、デカルトやマルブランシュが「生得観念」や「神のうちにある観念」として考えようとした個と普遍の問題が見えなくなってしまったのではないか。コンディヤックが感覚印象と観念を同一視したことについては第二部第二章の訳注＊40で述べたが、彼が個と普遍の問題にいささか無頓着であったことは、そうしたところにも現れている。

＊57　ここで「実験」と訳した言葉は expérience である。もちろん通常は「経験」と訳されるし、本書でもこれまではそう訳してきたが、「経験」という日本語は「個人的な体験」という意味あいが強いと思われるため、ここではあえて「実験」と訳した。語源となるラテン語の experior は第一義的には「試すこと」であり、ここでのコンディヤックの説明からわかるように、本来は「実験」という意味あいが強い言葉だった。これまでに出てきた「経験」という言葉にも「実験」というニュアンスがあることを、いまさらながらだが注記しておく。

余談だが、ロックやコンディヤックらの哲学は通常、「経験主義」と呼ばれる。しかし、これだと「人それぞれに違った体験をして人それぞれに違った知識を持つという思想」と誤解される可能性があるので、こちらもむしろ「実験主義」と訳した方が良いのではないかと考えている。ここまでのコンディヤックの議論からうかがえるように、彼らの思想は基本的に、実験という手段によって、論理的思考だけでは捉えきれない自然界の真理（コンディヤックの言う「事実の明証性」）を明らかにしようとするものであった。

そうした真理の例としてコンディヤックがいつも念頭に置いているのは、ニュートンの万有引力の法則である。それは、質量と引力という論理的にはまったく関係がないはずのものの間に、どういうわけか関係が成立していることを明らかにした。これはケプラーの法則という観察的事実から数学的に（すなわち「論理的明証性」によって）導き出されたものである。万有引力を原理として、複数の事実が一貫して体系的に説明される。このように、実験と観察によって自然界における事実を収集し、数学を典型とする論理的思考によってそれを理論化・体系化するのが自然科学である。

こうした自然科学観はやや素朴なものだと思われるかもしれないが、コンディヤックが「分析」を分解と再構成が一体化したものと考えていたことからすると、観察と理論化は一方通行ではなく、相互依存的ないし循環的なプロセスだと考えていたと解釈することも可能だろう。

いずれにせよ、経験主義哲学（実験主義哲学）は自然科学を理論的に支えるための思想だったのである。

＊58　いずれも現在のところ未訳。

付論　ペリグーの教授ポテ氏から説明を求められた学説について

「神は神のおられる場所でのみ働くことができる」。「神は単純である」。この二つの主張はいかにして両立するか。

我々の知識はすべて感官に由来するということを、最初にはっきりさせておこう。我々が持つ知識の範囲は、感覚印象の範囲内に限られている。感覚印象の向こう側については、何も発見することはできない。我々と、感覚が教えてくれない真理との関係は、ちょうど目が見えない人と色の関係と同じようなものである。

二つの観念を比較する存在者はすべて必然的に単純であるということは、すでに証明したと思う。さらに強力な理由によって、神は単純である。なぜなら、神はすべての関係とすべての可能な真理を把握するからである。

もう一つの主張についていうと、神は神のいる場所でのみ働くことができることは明らかである。ということはつまり、神は自らの作品すべての中にいる、ということである。あるいはむしろ、すべての神の作品は神のうちにある、ということである。「我々は神の中で動き、存在する」[*59]。

これらは二つとも真理である。もし私がこれらを両立させられないとすれば、その点で私は色について判断できない盲人と同じである。

物体は実際に延長しているのだろうか。あるいは実際は延長していないが、そのように見えるだけなのだろうか。自分の感官にいくら聞いてみたところで、感官は何も答えられない。我々に感官が与えられているのは、ものごとがそれ自身としてどのようなものかを判断するためではないからである。感官は、ものごとと私の間の関係やものごと同士の関係について、それが真であるかどうか、あるいは少なくとも真のように見えるかどうかを、それを知ることが私にとって有益である場合に判断するだけである。

もしも物体が実際に延長しているなら、それは神において延長していることになるが、それはつまり延長していないものの中に延長が存在するということである。もしも物体が実際には延長していないなら、それはちょうど色が延長しているのと同じようなことである。つまり、それは単なる現象、つまりは見せかけ[*60]にすぎないことになる。ライプニッツはそのように述べた。しかし、どちらの立場を取っても困難な問題が生じる。私は無知であり、そうした問題を解決することはできない。それゆえ、何の結論も出すことができない。

私は、これまでの著作の中で、時間の長さ[*61]や永遠性については、もう少し大胆な判断をしてもよかったかもしれない。あなたは「一つの瞬間とは、一つの観念が私の心に留まっている滞在期間だ」とおっしゃる。しかし、私は「滞在期間」という言葉は使わない。この言葉の前提には問題がある。つまり、一つの瞬間が複数の瞬間で構成されているという前提である。なぜなら「滞在期間」という言葉は、継起という観念を含んでいるからである。

で構成されていることになるから、無限後退に陥り、一つの瞬間には無限の瞬間の継起が含まれている、と言う羽目になる〔時間の長さを構成する単位（瞬間）が無限小だとすると、時間が流れないではないか、ということ〕。以下では、我々が時間の長さについて作る観念を考察し、どのような結論を出せるかを見てみよう。

時間の長さは、複数の観念が継起することによってのみ知られる。観念の継起以外に時間の長さというものがあったとしても、そのようなものについて私は知ることができない。知りえないのだから判断することもできない。

時間の長さが私に知られるのは観念の継起によってのみであるということは、私にとって一つの瞬間とは、一つの観念が継起することなく現前していることに他ならない。私は「滞在期間」ではなく「現前」という言葉を使う。

私にとっての一つの瞬間において、つまり一つの観念が私の心に現前している間に、あなたの心の中で複数の観念が継起していることはありうる。つまり、その観念の数と同じだけの瞬間があなたにとっては存在するということである。こうした理由から私が言うべきなのは、一つの存在者にとっての時間における一つの瞬間が、他の存在者にとっての時間における複数の瞬間と同時に存在することは可能だということである。

私は自分の経験する時間の長さについて判断するが、あなたの経験する時間の長さについて判断することはできない。私はあなたの心の中で継起する観念を見て取る手段を持たないからである。私は自分の心の中で継起する観念しか見て取ることができない。

同様に我々は、おのおの自分の経験する時間の長さについて判断することはできるが、お互いに自分以外のものごとにおける時間の長さを判断することはできない。我々が周囲の対象が経験する継起を見て取るのは、そのもの自身においてではなく、我々の心の中で展開する観念の継起においてのみだからである。

外的対象において時間の長さを生み出すものは、何らかの仕方でその対象を変容させる一連の変化の継起である。我々において時間の長さを生み出すものは、一連の感覚印象もしくは観念の継起である。もしも対象の変化がいちいちすべて感覚印象として経験されるのなら、外的対象の変化と我々の感覚印象はお互いに瞬間ごとに対応することになるが、それは現実にはないことである。

たとえば、なぜ太陽は我々の目には動いていないように見えるのだろうか。それは、太陽の軌道を描く変化の継起のいちいちについて、太陽が目の中に新たな感覚印象を生み出すことがないからである。

ところで、それぞれの被造物において生起する変化の継起以外に、時間の長さというものがあるだろうか。つまり、それぞれの被造物における時間の長さと瞬間ごとに対応してそれらと同時に存在する絶対的時間〔durée absolue（客観的ないし純粋な時間）〕というものが存在するのだろうか。ロックは存在すると言い、それを証明したつもりになっている。私としては、もし仮にそのような絶対的時間が存在するとしても、我々はそれについて判断できないだろうと思う。我々は自分の目に見えるものについてしか判断できないからである。我々にとっての絶対的時間というものは、盲人にとっての色のようなものである。あえて言えば、絶対的時間などというものは我々の想像力の中にしか実在性を持たない。想像力はえてして、ギリシア神話のキマイラのような怪物を作り出す。もし仮に絶対的時間が存在するなら、それは何らかの存在者の属性であるはずだ。では、それはどのような存在者か。おそらく神であろう。神はこれまで常に存在してきたし、これからも常に存在し続けるだろうから。しかし、もし神が時間的に存続しているとするなら、神のうちに何らかの継起が存在することになる。つまり、神が何かを獲得したり、何かを失ったり、変化したりするということである。だとすると、神は不変ではないことになる。

継起は、変化するものにおいてしか存在しえない。変化は、進歩したり退化したりするものの中にしか存在しない。進歩したり退化したりするものは、必然的に不完全である。そうしたものは被造物である。

神は被造物を創造したとき、被造物において必然的に進歩や退化、変化や継起が存在するようにされた。つまり、時間が存在するようにされたのである。神は被造物を創造したときに時間も創造されたということである。それゆえ、時間は神自身の属性ではなく、被造物の属性にすぎない。時間とは、被造物の存在の仕方なのである。

時間が被造物の存在の仕方であるように、永遠性は神の存在の仕方である。神の永続性は神にとっては一つの瞬間だが、それは被造物におけるすべての変化の継起と同時に存在している。個々の被造物において継起する個々の変化は、お互いに瞬間ごとに対応することはない。私において継起する観念とあなたにおいて継起する観念が、瞬間ごとに対応することはないのと同様である。

ある被造物における一つの変化に対応して、その被造物における一つの瞬間がある。一つの被造物における一つの変化と、他の被造物における複数の変化が同時に存在することがある。ということはつまり、ある被造物における一つの瞬間と、他の被造物における複数の瞬間が同時に存在するということである。個々の被造物における個々の変化ないし一つ一つの瞬間は、分割不能である。個々の被造物において一つの変化や一つの瞬間の中には何らの継起も含まれていないからである。

我々は時間の長さはそれぞれの被造物同士の間で瞬間ごとに対応していて共有されていると考えがちだが、それは実際にそうした時間の長さが存在するからではなく、我々の想像力が自分たち自身における時間の長さの観念を一般化して、自分にとっての時間の長さをすべての実在するものに属性として当てはめるからである。しかし我々は、自分たち自身における時間の長さしか見て取ることができないのである。

訳注

＊59　新約聖書『使徒言行録』第一七章第二八節からの引用。ただし、当該箇所は「我々は、神の中で生き、動き、また存在する」であり、コンディヤックは「生き」の部分を落としている。この一節は「すべ

てを神のうちに見る」説を唱えるマルブランシュのお気に入りのフレーズであった。

＊60　原語は apparence. 哲学では「仮象」（つまり、「実在とは異なった仮の現れ」）と訳すことが多いが、あまり日常的な語ではないので「見せかけ」とした。なお、「現象」と訳した phénomène も、ギリシア語の「ファイノー（現れる）」の過去分詞（ファイノメノン）からの派生で、ここでコンディヤックが言いかえているとおり、本来両者は同じ意味である。

＊61　原語は durée. 第一部第五章の訳注＊19参照。以下、文脈に応じて単に「時間」と訳した箇所もある。

解　説

本訳書の原典について

本書は、エティエンヌ・ボノ・ド・コンディヤック（Etienne Bonnot de Condillac）（一七一四―八〇年）の『論理学、あるいは考える技術の初歩（*La logique, ou les premiers développements de l'art de penser*）』の全訳である。一七八〇年の初版では、そのあとに「州学校担当評議会からの依頼による初級教科書、同評議会の承認済み。コンディヤック師による（*Ouvrage élémentaire, que le Conseil préposé aux Écoles Palatines avoit demandé, et qu'il a honoré de son approbation. Par M. l'abbé de Condillac*）」と付記されている。なお、この初版本は、フランス国立図書館のウェブサイトで公開されている。URLは、http://gallica.bnf.fr/ark:/12148/bpt6k80138k である。

本訳書の底本としては、ジョルジュ・ルロワ（Georges Le Roy）が校訂したPUF版 *Œuvres philosophiques de Condillac*（第二巻、一九四八年）を使用したが、初版本とのテクストの異同はほとんどない。ルロワの注記によると一箇所のみである（本書第二部第九章のルロワによる注［23］を参照）。ただし、ルロワ版では、付論として「ペリグーの教授ポテ氏から説明を求められた学説について」がつけられている。

なお、一七八〇年版の「付記」のなかに avoit とあるのを見て、avait の誤植でないかと思われた方がいるかもしれないが、一八世紀にはこのようにつづったのである。その他、アクサン・シルコンフレックス（âme の a の上についている「^」形の記号）がないなど、現代のつづりとは若干の違いがある。本書の原文は全体として旧つづりで書かれているが、訳書中に原語を示す際には現代つづりに直しておいた。

また、本文中でフランス語の語源を説明するためにラテン語の単語を示した箇所がいくつかあるが、動詞については一人称単数現在形で記した。慣例では不定法現在能動形で記すことが多いが、ラテン語の辞典では動詞は一人称単数現在形を見出し語として使うのが一般的なので、読者が自分で辞書を引いて確認するときの便宜を考え、そのようにした。

コンディヤックについて

コンディヤックは一八世紀フランスの哲学者である。「啓蒙の世紀」と言われたこの時代には、ヴォルテールやルソー、ディドロ、ダランベールなど、日本でもよく知られる「啓蒙思想家」たちが活躍した。コンディヤックも彼らと交流しながら活躍した思想家の一人である。

彼らはデカルトの哲学の影響を受けつつも、それはどちらかというと従来の思想の破壊に終始するものだと考え、ロックやニュートンといった経験論に立つイギリスの思想家の哲学を輸入し発展させることで、デカルトが破壊した地平に新たな知の体系を建設しようとした。

ルソーの『社会契約論』が民主主義の理念を示し、ディドロとダランベールの『百科全書』が当時の科学技術的知識を集大成し、ダランベールらがニュートン力学を数学的に整備したことなどを振り返ってみるだけで、彼らの思想が民主主義と自然科学という、現代がよって立つ二大枠組みを準備したことが見て取れる。コンディヤックの名は現代の日本ではそれほど知られていないが、彼もまた現代を準備した立役者の一人である。

本書の成立と影響

本書は、コンディヤックがポーランド国民教育委員会の要請を受けて執筆した論理学の初等教科書である。当時ポーランドは、第一次ポーランド分割（一七七二年）により、国土をロシア、オーストリア、プロイセンの三国に奪われ、国家存亡の危機に瀕していた。『コンディヤック資料集成』によると、「一七七三年に設立されたポーランド国民教育委員会は、一七七七年に州学校の教育プログラムを確立することを懸案とし、その仕事を当時もっとも名高い哲学者・経済学者に依頼することを望んだ」（*Corpus Condillac, 1714-1780*, sous la direction de Jean Sgard, Slatkine, 1981, p. 101）。そうしてコンディヤックに白羽の矢が立ち、要請を受けたコンディヤックは快諾した。一七七九年のうちには草稿を送って、内容についてのいくつかの問い合わせにも丁寧に答えるなど、懇切に対応したという。ちなみに、ルソーの『ポーランド統治論』（一七七一年）も、ポーランド政府の要請を受けて書かれたものである。

ポーランドはその後、第三次ポーランド分割によって消滅するが（一七九五年）、この『論理学』は一七八〇年にフランス語で出版され、数世代にわたってポーランドの教育に影響を与えただけでなく、フランスでも標準的な教科書として使用されることになった（フランスにおける『論理学』の普及とその影響については、William Albury, *The Logic of Condillac and the Structure of French Chemical Language and Biological Theory 1780-1801*, The John Hopkins University Ph. D., 1972, pp. 27-28などを参照）。

こうした教育を受けてコンディヤックの学説を受け継いだ人々は「観念学派（イデオローグ）」と呼ばれ、フランス大革命前後の学界で中心的な位置を占めることになる。アントワーヌ・デステュット・ド・トラシ（一七五四—一八三六年）、ピエール・ジャン・ジョルジュ・カバニス（一七五七—一八〇八年）らがその代表である。

こうした名前は現在の日本ではほとんど知られていないだろうが、本文第二部第四章の訳注＊42で述べたとおり、コンディヤックの影響を強く受けた一人にアントワーヌ・ラヴワジエ（一七四三—九四年）がいる。彼の『化学原論』（一七八九年）は翻訳されているが（『ラヴワジエ：化学原論』柴田和子訳、朝日出版社、一九八八年）、その序文を一読すれば、それがほとんどコンディヤックの『論理学』の焼き直しであることは明らかである。

周知のようにラヴワジエは、さまざまな化学物質を元素の名前の組み合わせで表現する記号体系を考案した。たとえば、「炭酸カリウム」という現在も使われている名称は、この物質が「炭素」、「酸素」、「カリウム」という三つの元素の組み合わせで作られていることを示している。こうした名称を使って推論することで、化学実験を実際にやってみなくても、結果を正確に予想することができる。いわゆる「化学革命」は、コンディヤックが本書で構想した「よくできた言語」を化学に応用することで成し遂げられたのである。

従来の哲学史の概説書などでは、コンディヤックはロックの経験論をフランスで受け継いで発展させたとされている。たしかに、すでに翻訳のある『人間認識起源論』だけを読めば、彼の思想はロックの『人間知性論』の単なる焼き直しのように見える。しかし、コンディヤックの思想の力点の一つは科学的方法論にあったのであり、そうした側面は『人間認識起源論』にも萌芽的に含まれているが、この『論理学』を読むことではっきり見て取ることができる。そして、ラヴワジエへの影響を考えてみるだけでも、むしろそうした側面の方が、その後の学問の流れに大きな影響を残したのである。

この『論理学』は大きく二部に分かれており、第一部では人間が持つすべての知識は感覚に由来するという経験論哲学の思想が簡潔に述べられている。また、人間は知識を得るときには対象を自然に分析するということが主張されている。分析とは、対象をよく観察してその構成要素を見て取り、次いでその構成要素を組み合わせて対象を再構成することである。

第二部では、人間が思考するためには言語が不可欠であること、それゆえ正しく思考するためには言語をよく作ることが必要であることが主張される。先に述べたとおり、ラヴワジエはそうした主張を化学に応用したのであった。

る。

この本を読むことの意義

近年、「人文系の学問など役に立たない」という風潮が広がっているが、本書を読むことが何かの役に立つだろうか。もちろん役に立つ。コンディヤック自身、それを気にしたのか、本書の終わりの方の「この『論理学』を学ぼうとする若者への助言」というパラグラフで、「ひとたびこの論理学を知った人は、何ができるようになるだろうか」と問い、「諸学問について適切に論じている本を、遅くないスピードで読み進めることができる」と答えている。

たいそう控えめな効用だが、要するに「正しく考える方法」を学べるということだ。憶測で物を言わず、対象をよく観察して、必要なら実験する。これは当たり前のように思えるが、コンディヤックら近代の経験論哲学が打ち出した方針である。人間として生きていくうえで、「正しく考える」ことより役に立つことがあるだろうか。そして、この当たり前のことを、実は多くの人ができていないのではないだろうか。

また、本書を読むことで、近代の経験論哲学の理論を、当時書かれたものから直接知ることができる。ある思想を知るには、概説書ではなく原典を読むことが重要である。概説書はどんなに客観的に書こうとしても、やはりその著者の価値判断によって取り上げられる内容が取捨選択されてしまう。原典を読むことで、従来の研究者が見過ごしてきた点に気づくことができるかもしれない。本書は、もともと初等教科書として書かれたこともあって、非常に平明である。原典を通じて思想を学ぶきっかけとして優れている。

さらに本書は、近代における自然科学の成立に理論的支柱を与えた本の一つである。現在、我々は自然科学における知識やその方法論を自明のものとして受け入れ、もはや疑うこともないが、自然科学は絶対的なものでも普遍的なものでもなく、人間が歴史的に形成してきたものである。本書を読むことで、自然科学が成立した現場の一端を追体験できる。

たとえば第二部第九章の訳注＊57で述べたように、ニュートンの万有引力の法則は、質量と引力という論理的にはまったく関係がないはずのことの間に、どういうわけか関係が成立していることを明らかにするものだった。このように、自然科学とは、論理的に考えると説明不能な関係性を実験によって明らかにする点で、数学や論理学とは決定的に異なる性格を持つ。

しかし、どうして質量と引力の間には数式化できるほど規則的な関係性が事実として存在するのか。実は、こうした自然法則が成立する原因についての探求を放棄することで、近代科学の理念が成立したのである。第一部第五章の訳注＊20で述べたように、マルブランシュなどの先行する思想家たちは、自然法則が成り立っていることを認めつつ、自然が法則に従って推移していること自体を解明すべき一つの謎と考えた。そして、その不可知の原因を「神」と名指したのである。それに対して、コンディヤックやヒュームら経験論哲学者たちは、そうした原因は不可知なのだから探求しても無駄で、科学的研究は観察可能な現象の推移の規則性を明らかにすることで満足すべきだとした。これが経験科学的な実証主義である。

このように概観するだけで、我々が客観的で普遍的だと信じている自然科学が、実はある特定の謎（自然法則が成立している原因、ないしこの世界が存在していることの原因）についての問いを放棄するという一つの価値判断の上に成り立っていることが見て取れるだろう。ミシェル・フーコー（一九二六―八四年）が『言葉と物』（一九六六年）（渡辺一民・佐々木明訳、新潮社、一九七四年）で展開したように、「何をどのように説明すればそれを説明したことになるのか」についての共通認識は、時代によって異なるのである。

そして、自分たちがそのうえに立っているがゆえに見えにくい、我々自身の思考の前提となっているものについて、その成立過程を振り返り、その正当性や妥当性を問い直すことは、新たな思考や価値観を創造するための第一歩である。

経験論哲学と、個と普遍の問題

本書の原文のフランス語は非常に平明で、おそらくフランスの大学生なら、あるいは高校生でもスラスラ読めるのではないだろうか。日本では「哲学は難解」が通念のようになっているが、本書を読むと、哲学とは本来、普通の人にもわかる言葉で展開されうるし、またそうされるべきだと痛感する。原文の平明さに敬意を表してなるべく平易な日本語に訳したつもりだが、読みにくいところがあるとすればコンディヤックの責任ではなく、もちろん訳者の責任である。

本書はあまりに平明なので、一読して当たり前のことしか書かれていないと思われるかもしれない。コンディヤック自身、そのことを気にしていたらしく、「最良の本を読んでも、そこから自分たちの知っていることしか読み取らないというのは、自分を学者だと思っている人々の間では非常にありふれたことである」と書いている。

とはいえ、一見平明に見えることの中にこそ落とし穴が隠れている。そうした落とし穴に気づくことができるように、やや詳しめの訳注を付けておいた。

私が考えるに、コンディヤック哲学の最大の落とし穴は、「個」と「普遍」の関係についていささか無頓着なのではないかという点にある。

たとえば第二部第五章の訳注＊45で書いたとおり、コンディヤックはデカルトの「生得観念説」やマルブランシュの「観念を神において見る」という説を、ほとんど論評もせずに馬鹿げたものとして一蹴するが、彼らの説はコンディヤックが言うほど馬鹿げたものだったわけではない。彼らが問題にしたのは、幾何学における観念など、経験によらない普遍的な観念が実在するという事実であった。もしも「すべての知識が感覚印象に由来する」というコンディヤックの主張が正しいのであれば、我々は「円の観念」など持てないはずである。感覚可能な個々の円は、実はどれも完全な円ではなく、微妙に歪んでいたり、線に幅があったりする不完全なものである。コンディヤックは「抽象観念とはさまざまな個物の共通点を抽出したもの」と言うが、完全な円など現実には存在しないのだから、「円の観念」が諸個物の共通点であるはずがない。

個別的な現象をいくら観察しても普遍的な法則には至れないというのが、ヒュームの考えた「帰納法の限界」という問題であった。同じ現象を何度観察しても、今後も同じ現象が永遠に観察されつづけるかどうかは保証されない。個別的な現象をいくら積み重ねても、無限回にわたって妥当する普遍的な法則には至れないのである。法則と現象の間をつなぐ「原因」の概念を放棄し、観察可能なものとしての現象からの帰納によって法則を作ろうとするのは、論理的に考えて無理があるのだ。

こうした帰納法の限界についての考察が、たとえばカール・ポパー（一九〇二―九四年）の「反証可能性」の議論につながり、科学哲学上の大きな問題になっていく。しかし、第二部第九章の訳注＊56で述べたように、コンディヤックは「法則も事実である」と言って、現象と法則の間に個と普遍という乗り越えがたい断絶があることには無頓着である。

現象と法則の関係は、「観念の普遍性と、個物が生成消滅する現実世界との関係」というプラトン以来の西洋哲学の大問題の一変奏である。この問題について、コンディヤックが考えたこと、考えなかったこと、考えようとしてうまくいっていないことを引き受け、新たな思想を展開していくことが、彼やその同時代人が準備した自然科学を自明の前提として受け入れている我々に残された課題である。

日本語で読めるコンディヤックに関連する文献

コンディヤックの著作ですでに翻訳があるものは、

・加藤周一・三宅徳嘉訳『感覚論』（全二冊）、創元社、一九四八年。
・古茂田宏訳『人間認識起源論』（全二冊）、岩波文庫、一九九四年。
・古茂田宏訳『動物論――デカルトとビュフォン氏の見解に関する批判的考察を踏まえた、動物の基本的諸能力を解明する試み』法政大学出版局、二〇一一年。

の三点である。
日本語で読めるコンディヤックについての解説書や研究書としては、次のものがある。
・山口裕之『コンディヤックの思想――哲学と科学のはざまで』勁草書房、二〇〇二年。
・山口裕之「コンディヤック」、松永澄夫責任編集『哲学の歴史』第六巻、中央公論新社、二〇〇七年、五四一―五七〇頁。
・ジャック・デリダ『たわいなさの考古学――コンディヤックを読む』飯野和夫訳、人文書院、二〇〇六年。

謝　辞

この翻訳は、講談社の互盛央さんから「古典作品の新訳」という企画の話を聞き、「それならコンディヤックの『論理学』をぜひ」と持ちかけたことで実現した。本書はコンディヤックの代表作のひとつであり、経験論哲学のエッセンスが非常に平明な言葉で記されているなかなかの名著だが、現在のところフランスでも入手しやすい版本は発売されていない。今回、邦訳が出ることは、日本における哲学研究の幅の広さ、出版社の懐の深さを示す快挙だと思う。本書の翻訳企画を通していただいた互さんに感謝したい。

下訳を作った段階で、徳島大学教職員労働組合常三島支部の「研究集会」として検討会を開いていただいた。吉岡宏祐さん（アメリカ現代史）、熊坂元大さん（環境倫理学）、齊藤隆仁さん（物理学）、メリディス・スティーブンズさん（応用言語学）には、長時間の検討会で訳文の分かりにくい点など細かい部分までご指摘をいただいた。異分野の研究者からの意見を聞くことで、読みやすい訳文になったと思う。みなさんのおかげである。

また、初版書名の中にある「Ecoles Palatines」がどういうものかよく分からなかったのだが、元同僚で現在東京大学准教授の長井伸仁さん（フランス近代史）より、「Palatinat」が当時のポーランドのProvince（「州」に当たるような区画）であるとのご教示をいただいたので、「州学校」とした。いきなりメールで問い合わせたぶしつけな私に、以前と変わらずご丁寧に対応してくださって、感謝している。

徳島大学総合科学部には、多分野の教員が在籍しており、しかも相互の垣根が低いので、さまざまな疑問を気軽にその道の専門家に尋ねることができる。そういう普段からの他分野交流が、学問研究にとって大切だと思う。

最後に、妻の薫と娘の慧は、いつも私を支えてくれる。普段は照れ臭いのであまり言えないけれど、いつもありがとうと言いたい。

二〇一六年三月

山口裕之

KODANSHA

*本書は、講談社学術文庫のための新訳です。

エティエンヌ・ボノ・ド・コンディヤック
1714〜80年。フランスの哲学者。イギリス経験論をフランスに輸入・発展させた。代表作は，本書のほか，『人間認識起源論』（1746年），『感覚論』（1754年）。

山口裕之（やまぐち　ひろゆき）
1970年生まれ。東京大学大学院人文社会系研究科博士課程修了。現在，徳島大学教授。専門は，フランス近代哲学・科学哲学。主な著書に，『コンディヤックの思想』，『認知哲学』，『ひとは生命をどのように理解してきたか』ほか。

講談社学術文庫

定価はカバーに表示してあります。

論理学《ろんりがく》
考《かんが》える技術《ぎじゅつ》の初歩《しょほ》

エティエンヌ・ボノ・ド・コンディヤック
山口裕之《やまぐちひろゆき》 訳

2016年7月10日　第1刷発行
2025年4月16日　第8刷発行

発行者　篠木和久
発行所　株式会社講談社
東京都文京区音羽2-12-21 〒112-8001
電話　編集（03）5395-3512
販売（03）5395-5817
業務（03）5395-3615

装　幀　蟹江征治
印　刷　株式会社ＫＰＳプロダクツ
製　本　株式会社国宝社
本文データ制作　講談社デジタル製作

ISBN978-4-06-292369-9

「講談社学術文庫」の刊行に当たって

これは、学術をポケットに入れることをモットーとして生まれた文庫である。学術は少年の心を養い、成年の心を満たす。その学術がポケットにはいる形で、万人のものになることは、生涯教育をうたう現代の理想である。

こうした考え方は、学術を巨大な城のように見る世間の常識に反するかもしれない。また、一部の人たちからは、学術の権威をおとすものと非難されるかもしれない。しかし、それはいずれも学術の新しい在り方を解しないものといわざるをえない。

学術は、まず魔術への挑戦から始まった。やがて、いわゆる常識をつぎつぎに改めていった。学術の権威は、幾百年、幾千年にわたる、苦しい戦いの成果である。こうしてきずきあげられた城が、一見して近づきがたいものにうつるのは、そのためである。しかし、学術の権威を、その形の上だけで判断してはならない。その生成のあとをかえりみれば、その根は常に人々の生活の中にあった。学術が大きな力たりうるのはそのためであって、生活をはなれた学術は、どこにもない。

開かれた社会といわれる現代にとって、これはまったく自明である。生活と学術との間に、もし距離があるとすれば、何をおいてもこれを埋めねばならない。もしこの距離が形の上の迷信からきているとすれば、その迷信をうち破らねばならぬ。

学術文庫は、内外の迷信を打破し、学術のために新しい天地をひらく意図をもって生まれた。文庫という小さい形と、学術という壮大な城とが、完全に両立するためには、なおいくらかの時を必要とするであろう。しかし、学術をポケットにした社会が、人間の生活にとってより豊かな社会であることは、たしかである。そうした社会の実現のために、文庫の世界に新しいジャンルを加えることができれば幸いである。

一九七六年六月

野間省一

西洋の古典

2465
七十人訳ギリシア語聖書 モーセ五書
秦　剛平訳

前三世紀頃、七十二人のユダヤ人長老がヘブライ語聖書をギリシア語に訳しはじめた。この通称「七十人訳」こそ、現存する最古の体系的聖書でありイエスの時代の聖書である。西洋文明の基礎文献、待望の文庫化！

2479
ホモ・ルーデンス 文化のもつ遊びの要素についてのある定義づけの試み
ヨハン・ホイジンガ著／里見元一郎訳

「人間の文化は遊びにおいて、遊びとして、成立し、発展した」――。遊びをめぐる人間活動の本質を探究、「遊びの相の下に」人類の歴史を再構築した人類学の不朽の大古典！　オランダ語版全集からの完訳。

2495
エスの本 ある女友達への精神分析の手紙
ゲオルク・グロデック著／岸田　秀・山下公子訳

「人間は、自分の知らないものに動かされている」。フロイト理論に多大な影響を与えた医師グロデックが、心身両域にわたって人間を決定する「エス」について明快に語る。「病」の概念をも変える心身治療論。

2496
ヨハネの黙示録
小河　陽訳（図版構成・石原綱成）

正体不明の預言者ヨハネが見た、神の審判による世界の終わりの幻。最後の裁きは究極の破滅か、永遠の救いか――？　新約聖書の中で異彩を放つ謎多き正典のすべてを、現代語訳と八十点余の図像で解き明かす。

2500
仕事としての学問　仕事としての政治
マックス・ウェーバー著／野口雅弘訳

マックス・ウェーバーが晩年に行った、二つの講演の画期的新訳。『職業としての学問』と『職業としての政治』の邦題をあえて変更し、生計を立てるだけの「職業」ではない学問と政治の大切さを伝える。

2501
社会学的方法の規準
エミール・デュルケーム著／菊谷和宏訳

ウェーバーと並び称される社会学の祖デュルケームは、一八九五年、新しい学問を確立するべく、記念碑的なマニフェストとなった本書を発表する。社会学とは何を扱う学問なのか？――決定版新訳が誕生。

《講談社学術文庫　既刊より》

西洋の古典

2502・2503
世界史の哲学講義 ベルリン 1822／23年(上)(下)
G・W・F・ヘーゲル著／伊坂青司訳

一八二二年から没年（一八三一年）まで行われた講義のうち初年度を再現。上巻は序論「世界史の概念」から本論第一部「東洋世界」を、下巻は第二部「ギリシア世界」から第四部「ゲルマン世界」をそれぞれ収録。

2504
小学生のための正書法辞典
ルートヴィヒ・ヴィトゲンシュタイン著／丘沢静也・荻原耕平訳

ヴィトゲンシュタインが生前に刊行した著書は、たったの二冊。一冊は『論理哲学論考』、そして教員生活を送っていた一九二六年に書かれた本書である。長らく未訳のままだった幻の書、ついに全訳が完成。

2505
言語と行為 いかにして言葉でものごとを行うか
J・L・オースティン著／飯野勝己訳

言葉は事実を記述するだけではない。言葉を語ることがそのまま行為をすることになる場合がある——「確認的」と「遂行的」の区別を提示し、「言語行為論」の誕生を告げる記念碑的著作、初の文庫版での新訳。

2506
老年について 友情について
キケロー著／大西英文訳

偉大な思想家にして弁論家、そして政治家でもあった古代ローマの巨人キケロー。その最晩年に遺された著作のうち、もっとも人気のある二つの対話篇。生きる知恵を今に伝える珠玉の古典を一冊で読める新訳。

2507
技術とは何だろうか 三つの講演
マルティン・ハイデガー著／森 一郎編訳

第二次大戦後、一九五〇年代に行われたテクノロジーをめぐる講演のうち代表的な三篇「物」、「建てること、住むこと、考えること」、「技術とは何だろうか」を新訳で収録する。技術に翻弄される現代に必須の一冊。

2508
閨房の哲学
マルキ・ド・サド著／秋吉良人訳

数々のスキャンダルによって入獄と脱獄を繰り返し、人生の三分の一以上を監獄で過ごしたサドのエッセンスが本書には盛り込まれている。第一級の研究者がついに手がけた「最初の一冊」に最適の決定版新訳。

西洋の古典

2700
方法叙説
ルネ・デカルト著／小泉義之訳

われわれは、この新訳を待っていた――デカルトから出発した孤高の研究者が満を持してみずからの原点に再び挑む。『方法序説』という従来の邦題を再検討に付すなど、細部に至るまで行き届いた最良の訳が誕生！

2701
永遠の平和のために
イマヌエル・カント著／丘沢静也訳

哲学者は、現実離れした理想を語るのではなく、目の前の事実から出発していかに「永遠の平和」を実現できるのかを考え、そのための設計図を描いた――従来の邦訳が与えるイメージを一新した問答無用の決定版新訳。

2702
国民とは何か
エルネスト・ルナン著／長谷川一年訳

「国民の存在は日々の人民投票である」という言葉で知られる古典を、初めての文庫版で新訳する。逆説的にもグローバリズムの中で存在感を増している国民国家の本質とは？　世界の行く末を考える上で必携の書！

2703
個性という幻想
ハリー・スタック・サリヴァン著／阿部大樹編訳

対人関係が精神疾患を生み出すメカニズムを解明し、いま注目の精神医学の古典。人種差別、徴兵と戦争、プロパガンダ、国際政治などを論じ、社会科学の中に精神医学を位置づける。本邦初訳の論考を中心に新編集。

2704
人間の条件
ハンナ・アレント著／牧野雅彦訳

「労働」「仕事」「行為」の三分類で知られ、その絡み合いの中で「世界からの疎外」がもたらされるさまを描き出した古典。はてしない科学と技術の進歩の中、人間はいかにして「人間」でありうるのか――待望の新訳！

2749
宗教哲学講義
G・W・F・ヘーゲル著／山﨑　純訳

ドイツ観念論の代表的哲学者ヘーゲル。彼の講義は人気を博し、後世まで語り継がれた。西洋から東洋までの宗教を体系的に講じた一八二七年の講義に、一八三一年の講義の要約を付す。ヘーゲル最晩年の到達点！

《講談社学術文庫　既刊より》

西洋の古典

2750
ゴルギアス
プラトン著／三嶋輝夫訳

練達の訳者が初期対話篇の代表作をついに新訳。代表的なソフィストであるゴルギアスとの弁論術をめぐる対話が展開される中で、「正義」とは何か、「徳」とは何かが問われる。その果てに姿を現す理想の政治家像とは？

電P

2751
ツァラトゥストラはこう言った
フリードリヒ・ニーチェ著／森　一郎訳

ニーチェ畢生の書にして、ドイツ屈指の文学作品である本書は、永遠回帰、力への意志、そして超人思想に至る過程を克明に描き出す唯一無二の物語。「声に出して読める日本語」で第一人者が完成させた渾身の新訳！

電P

2752・2753
変身物語（上）（下）
オウィディウス著／大西英文訳

ウェルギリウス『アエネイス』と並ぶ古代ローマ黄金時代の頂点をなす不滅の金字塔。あらゆる領域で後世に決定的な影響を与え、今も素材として参照され続けている大著、最良の訳者による待望久しい文庫版新訳！

電P

2754
音楽教程
ボエティウス著／伊藤友計訳

音楽はいかに多大な影響を人間に与えるのか。音程と旋律、オクターヴ、協和と不協和など、音を数比の問題として捉えて分析・体系化した西洋音楽の理論的基盤。六世紀ローマで誕生した必須古典、ついに本邦初訳！

電P

2755
知性改善論
バールーフ・デ・スピノザ著／秋保　亘訳

本書をもって、青年は「哲学者」になった。デカルトやベーコンなど先人の思想と格闘し、独自の思想を提示した本書は、主著『エチカ』を予告している。気鋭の研究者が最新の研究成果を盛り込みつつ新訳を完成した。

電P

2777
天球回転論　付　レティクス『第一解説』
ニコラウス・コペルニクス著／高橋憲一訳

一四〇〇年続いた知を覆した地動説。ガリレオ、ニュートンに至る科学革命はここに始まる――。地動説を初めて世に知らしめた弟子レティクスの『第一解説』の本邦初訳を収録。文字通り世界を動かした書物の核心。

電P